1인 셀러^{seller}의 시대

어떻게 팔 것인가

KB075203

1인 셀러seller의 시대
어떻게 팔 것인가

임 훈 지음

더씨드
컴퍼니

프롤로그

우리는 모두가 영업자다

45세가 정년이라는 '사오정', 56세까지 직장에 다니면 도둑놈이라는 '오륙도'에 이어 월급이 들어오자마자 사라지는 현상을 나타내는 '월급 로그아웃', 다음 달 월급이 나오기 전까지 보릿고개처럼 힘든 시기를 보낸다는 '월급고개' 등 2010년 이후 나온 신조어는 우리가 처한 현실을 씁쓸하게 대변한다.

이 중에서도 가장 극명하게 우리 현실을 보여주는 말은 '반퇴 세대', 즉 퇴직을 해도 완전한 은퇴가 아니라 다시 일자리를 찾아 나서야 한다는 신조어다. 이러한 단어에 투영된 우리의 현실 인식이 더욱더 서글픈 이유는 이런 사회적인 분위기가 앞으로 계속될 것이라는 전망 때문이다. 과잉경쟁 시대를 살아온 우리 세대가 하다하다 이제 인공지능 로봇에게도 일자리를 빼앗길 판이니 허무하기까지 하다. 이 나이에 아직 현직에 몸담고 있으니 나는 운 좋게

1인 셀러의 시대 - 어떻게 팔 것인가

'사오정'의 고비는 넘었다. 하지만 마냥 기뻐할 일만은 아닌 듯하다. 나 역시 곧 '오륙도'의 고비를 넘어야 할 테고, 언제 갑자기 찾아올지 모를 불운의 그림자가 주변을 맴도는 '반퇴 세대'이기도 하기 때문이다. 그러나 내게 두려움은 없다. 지금의 나를 공고히 다질 수 있게 해준 힘은 과연 어디에서 나오는 걸까?

우리의 삶은 이대로 안전할 수 있는가

우연히 온라인에서 영업은 '사기'라는 어느 네티즌의 말을 본 적이 있다. 우리 사회에 만연해 있는 영업에 대한 저평가, 부정적 인식에 늘 안타까운 마음이 있었지만, 23년을 영업 현장에서 일한 나에게도 이 말은 커다란 충격이었다.

이제 영업에 대한 인식부터 바꾸어야 한다. 주변을 돌아보라. 똑같은 일을 해도, 똑같은 장사를 해도 누구는 잘되고, 누구는 안 된다. 이유는 한 가지, 영업 마인드가 있느냐 없느냐의 문제다. 나(제품)를 제대로 팔지 못하고 상대(고객)를 배려하지 못하는, 영업 마인드가 없는 사람들은 결국 인생에서도 실패하고 불안정한 상황에 처하는 경우가 많다. 다행히 나는 지난 시절 현장에서 겪은 다양한 경험 덕분에 어떤 상황에도 흔들리지 않는 부동의 영업 마인드를

추천사

기업의 경영 활동은 너무나 복잡하다. 대기업이든 집 앞 구멍가게든 기본적인 절차는 사실상 동일하다. 누군가 나에게 이 수많은 경영 활동 중 가장 중요한 것이 무엇이냐고 물어본다면 어느 것 하나 중요하지 않은 것이 없다고 대답하겠지만, 그래도 그중에서 한 가지만 꼽으라고 한다면 조금도 주저하지 않고 '영업'이라고 말하겠다.

돈을 버는 활동에 있어서 영업, 즉 파는 활동이 없다면 다른 나머지를 아무리 훌륭하게 소화해낸다고 해도 그 기업은 짧든 길든 언젠가는 결국 생을 마감할 것이다. 마케팅 또한 고객이 돈을 지불하는 행위, 즉 영업의 최전방 현장을 고려하여 이루어져야 함에도, 마케팅 담당자들은 여전히 홍보나 프로모션, 이벤트 등에 비용을 지출하는 활동에만 열을 올리고 있다. 장기적인 관점을 가지고 이루어져야 하는 브랜드 마케팅 또한 향후 언젠가는 그것이 매출 혹은 이익과 연결되어야만 제대로 된 마케팅이라고 할 수 있을 것이다. 이 책은 많은 이들이 사실상 가장 부족함을 느끼면서도 간과하고 있던 '판다는 것'에 대하여 답을 찾을 수 있도록 도와주는 최고의 가이드가 될 것이다.

권경민 | (주)오브잇 대표 | 《마케팅 천재가 된 홍대리》 저자

영업사원으로 입사했지만 시작의 갈피를 잡지 못해 헤매는 신입사원들뿐만 아니라 월말만 되면 실적 압박에 흔들리는 모든 영업인들에게 이 책을 권하고 싶다. 영업을 기초부터 배워 제대로 된 성과를 내고 싶은 영업인이라면 이 책의 토씨 하나도 그냥 넘기지 말기 바란다. 영업인으로서 고객과의 첫 만남부터 성공 파트너가 되기까지의 모든 전략과 방법론이 이 한 권에 들어 있다. 그런 점에서 이 책은 기존의 뜬구름 잡는 자기계발서들과는 확연히 차원이 다르다. 책을 읽는 내내 회초리를 내리치는 듯한 따끔함과 동시에 답답한 시야가 트이는 듯한 시원함을 느낄수 있었다.

권오승 | 동원산업 유통본부 상무이사(본부장)

영업은 단순히 물건이나 서비스를 파는 일일까? 그렇지 않다. 영업은 사람의 마음을 얻는 일이며, 다른 누군가의 일이나 생활을 더 나아지게 하겠다는 마음가짐에서 시작해야만 성공할 수 있는 일이다. 이 책은 단순히 영업 방법을 알려주는 데 그치지 않고, 각자도생의 시대를 살아가는 우리가 마음에 새겨야 할 본질과 철학을 들려준다. 더 잘 팔고 싶은 사람뿐만 아니라 영업의 본질, 더 나아가 사업의 본질이 무엇인지를 알고 싶은 사람이라면 꼭 읽어봐야 할 책이다.

심정희 | 콘텐츠 전문가 | '다 해결하는 심정희 사무소' 대표

세상에는 정말 많은 영업 관련서적이 있지만, 이 책처럼 현직 최고임원이 오랜 실무 영업경험을 바탕으로 직접 쓴 책은 찾기 어렵다. 영업 경험이 부족한 컨설턴트나 작가들이 쓴 책에서는 좀처럼 보기 힘든 현장 경험이

차례

4장 어떻게 팔 것인가

5장 성공적인 1인 셀러를 위한
6가지 실행 조건

구직은 힘들고, 노후는 불안하다.
버티면 경기가 다시 좋아질 것이라는
희망이 사라진 지도 오래다.
국가도, 기업도, 부모도 보호해주지 않는 시대.
살아남기 위한 치열한 경쟁은 이미 시작되었다.

아이 수준에도 못 미칠 것이다.

　일부에서는 인간에게는 기계에 없는 창의력이 있다고 강조한다. 그러나 창작 활동도 일종의 패턴을 따라 일어나므로, 컴퓨터를 어떻게 프로그래밍하느냐에 따라 창의적인 활동도 얼마든지 가능하다. 로맨스 드라마가 그렇다. 송중기와 송혜교가 주연을 맡아 커다란 인기를 끌었던 〈태양의 후예〉를 보면 남자와 여자가 만나서 사랑하고, 역경을 이겨내고, 결국 해피엔딩을 맞는다(간혹 헤어지는 경우도 있지만, 극히 드물다). 〈해를 품은 달〉이나 〈또 오해영〉, 〈오 나의 귀신님〉, 〈별에서 온 그대〉, 〈도깨비〉 등 역대 인기몰이를 했던 드라마들도 마찬가지다. 무대는 과거였다가 전쟁터가 되고, 때론 주방이 되기도 한다. 주인공도 도깨비나 외계인, 귀신, 혹은 셰프로 바뀌지만, 결국 스토리의 굵은 뼈대는 별반 다를 바가 없다. 이런 구조를 습득한 인공지능은 설정을 바꾸고 대사를 짜깁기해서 새로운 작품을 만든다.

　드라마뿐만이 아니다. 심지어 그림도 그리고 음악도 만들어낸다. 인공지능 요리사 '셰프 왓슨'은 셰프들의 레시피를 학습해 '예술의 영역'이라고 여겨지는 요리까지 넘보며 집에 남아 있는 식재료로 어떤 요리를 할 수 있는지 알려준다. 이런 식이면 머지않은 미래에는 컴퓨터가 집필한 드라마를 보고, 인공지능이 작곡한 음악을 감상하며, 인공지능이 제안하는 식단으로 식사를 하고 있을 가능성이 크다. 물론 이런 일들이 하루아침에 일어나지는 않을 것이다. 하지만 우리가 예상하는 것보다는 훨씬 더 빨리 일어날 수 있고, 또 일어나는 중이라는 사실은 부인할 수 없다.

인공지능이 인간의 일자리를 위협한다는 것은 상식이다. 1·2·3차 산업혁명을 거치며 많은 일자리가 사라지고 새로운 직업이 생겨났다는 것을 근거 삼아 4차 산업혁명 역시 새로운 일자리를 양산할 것이라는 주장도 있다. 그러나 이번에는 양상이 이전과 전혀 다르다. 인간의 '몸'을 대체할 로봇과 '사고'를 대체할 인공지능이 있기 때문이다. 이미 아디다스는 600여 명의 직원 대신 모든 것을 완전 자동화하고, 기계를 관리할 10명의 직원만 고용한 스마트 공장을 운영 중이다. 앞으로 2~3년 내에 상용화될 자율주행 자동차는 안전을 볼모로 장시간 운전해야 하는 화물 트럭 운전기사와 버스기사부터 대체할 것이다. 그나마 안전할 것으로 생각했던 의사들마저 존립이 위태로운 지금, 과연 우리의 일자리는 안녕할 수 있을 것인가. 그리고 이런 시대에 우리가 살아남기 위해서는 무엇을 고민해야 하는가.

잔혹한 생존 방정식,
각자도생의 시대

지난 2017년 6월, 미국 미네소타에 살던 유튜버 한 명이 촬영을 하다 총에 맞아 운명을 달리했다. 19살의 모나리자 페레즈와 22살의 페드로 루이스 커플의 이야기다. 이들은 두꺼운 백과사전이 과연 총알을 막아낼 수 있을지에 대해 실험했다. 총알은 백과사전을 뚫었고, 백과사전을 들고 있던 루이스는 사망했다. 이들이 이런 위험한 촬영을 한 이유는 단 하나, '유명해지고 싶어서'였다. 당시 둘 사이에는 세 살 난 딸이 있었고, 페레즈는 둘째를 임신 중이었던 것으로 알려져 더욱더 충격을 주었다.

이들은 왜 구태여 할 필요도 없고, 누가 봐도 터무니없는 일을 최소한의 안전장치도 없이 감행했을까? 단순히 재미였을까? 그렇지는 않을 것이다. 그들은 무언가의 이유로 죽음을 불사할 만큼 유명해지고 싶었던 것이다.

당신의 연봉은 몇 등?

지금 우리나라의 젊은 세대는 역사상 가장 풍족한 동시에 가장 가난하고 위태로운 시대에 살고 있다. 고도 성장기를 거치면서 물질적으로는 부족할 것이 없지만, 정작 일할 자리가 없어졌다. 미래가 사라진 것이다. 세계 금융위기 이후 고성장 시대는 끝났다. 한때 세계 경제는 연평균 5퍼센트대 성장을 구가하며 핑크빛 낙관론을 펼쳤지만, 지금은 3퍼센트대도 불안한 상황이다. 과거처럼 10년쯤 인내하면 다시 좋아진다는 희망도 없다. 끝없는 저성장의 나락으로 떨어지고 있는 것이다.

현재 전 세계 부(富)의 50퍼센트는 상위 1퍼센트의 부자들이 거머쥐고 있다. 나머지 50퍼센트를 지구의 99퍼센트가 나누어 쓰고 있는 것이다. 지금도 부의 편중이 심각한데, 미래학자들은 앞으로 이런 부익부 빈익빈 현상이 더욱 심각해질 것으로 예상한다. 단 몇 퍼센트의 천재만이 돈을 벌 것이며, 나머지 사람들은 로봇으로 대체할 수 없는 일만 하게 될 것으로 전망한다.

멀리 갈 것도 없이 이런 예측은 지금도 어느 정도 적용된다. 10~20년 전에 비해 물가는 천정부지로 치솟고 있지만, 월급은 예나 지금이나 별반 다를 바가 없다. 만약 물가 인상률을 직장인들 월급에 똑같이 적용시켰다면 지금 대한민국 직장인들의 평균 임금은 400~500만 원쯤 되어야 할 것이다. 하지만 우리나라 직장인의 평균 연봉은 3,172만 원, 중간 연봉은 2,225만 원이다(모두 세전).

평균 연봉은 전체 연봉의 평균값이며, 중간 연봉은 모든 근로자를 일렬로 세웠을 때 가운데에 있는 근로자의 연봉을 말한다. 만약 당신의 연봉이 3,200만 원이면 100명 중 37등이고, 2,225만 원이면 100명 중 51등이라는 소리다. 이 말인즉, 월급쟁이들의 50퍼센트 가까이가 월 200만 원 이하의 임금을 받고 있고, 그 가운데서도 단순 노무 종사자 10명 중 8명은 월 200만 원도 채 벌지 못하고 있다는 것이다(통계청, 2017년 상반기 취업자 산업 및 직업별 특성 조사).

우리나라 직장 중 1퍼센트에 불과한 대기업 정규직의 평균 연봉은 6,521만 원(2016년 기준, 한국경제연구원)이고, 35개 공기업의 평균 연봉은 7,905만 원(2016년 기준, 기획재정부 발표)이지만, 이는 대부분의 사람들에게는 딴 세상 이야기다. 전체 기업의 98퍼센트를 차지하는 중소기업 정규직의 평균 연봉도 대기업의 절반인 3,493만 원에 불과하다(2016년 기준, 한국경제연구원).

멀티잡이 당연한 시대

취업도 문제고 월급도 문제지만, 더 큰 문제는 정년도 보장되지 않는다는 점이다. 평생직장이란 개념은 역사적 유물처럼 '미담'으로만 남아 있다. 부모들이 노후 대비를 포기하면서 유치원부터 대학 혹은 대학원까지 20여 년간 투자한 자녀들은 어렵사리 들어간 직장에서 10여 년을 일하고 나면 그다음부터는 명예퇴직의 압박에 시달린다. 말이 안 되는 구조지만, 부정할 수도 없다.

눈에 뻔히 보이는 구조적 문제이건만 정부가 나서서 이를 해결하지도 못한다. 2018년 최저임금은 2017년 6,470원 대비 1,060원 상승해 역대 최고 인상률인 16.4퍼센트를 기록했지만, 한 달 평균 근무 시간인 209시간을 적용하면 겨우 157만 3,770원을 벌 수 있다. 그런데도 기업들은 최저임금 때문에 죽을 지경이라며 여기저기 앓는 소리다.

시대의 흐름이 이렇다 보니 대학 졸업 예정자들은 물론이요 회사에 다니는 직장인들까지 공무원 시험을 준비하지만, 이조차 만만치 않다. 통계청에 따르면 취업준비생 3명 중 1명이 공무원을 준비하고 있고(2017년 5월, 경제활동인구조사 청년층 부가조사), 한 자릿수의 공무원을 뽑는 데 수천 명이 몰리는 기현상이 일어나고 있다. 취직을 못 한다고 해서 부모에게 의지할 수는 더더욱 없다. 본인

1인 셀러의 시대 – 어떻게 팔 것인가

노후 걱정을 해야 하는 부모도 나를 보호해주지 못하기는 마찬가지기 때문이다.

정부, 회사, 부모…… 그 어디로부터도 미래를 보장받지 못하는 상황에서 결국 개인은 스스로 알아서 살길을 찾는 수밖에 없다. 각자도생(各自圖生)의 길로 접어든 것이다. 이제 사람들은 개인이 최소한의 존엄을 지킬 수 있는 기본 소득을 확보하고도 더 나은 삶을 위해, 더 안전한 미래를 위해 무언가를 찾기 시작했다. 직장 생활을 하면서 책을 쓰고, 강연을 하고, 블로그를 하고, 유튜브를 한다. 이 모든 것은 단순히 남들에게 자랑하기 위한 여흥이나 '남들이 하니까 나도'라는 식이 아니라, 경제적 이득을 추구하거나 본인이 유명해지기 위한 목적의식을 가진 행동들이다. 그리고 세상은 열심히 하고자 하는 사람들에게 인터넷이라는 가상의 세계를 통해 균등한 기회를 제공한다. 하지만 여기서 또 우리는 찾아오지 않는 소비자(네티즌)를 기다리며 하루에도 몇 번씩 인스타그램과 페이스북을 들락날락하며 '좋아요' 숫자를 확인한다. 그리고 늘어나지 않는 숫자를 보며 쓰린 마음을 달랜다.

과연 일반 대중을 대상으로 나를 알린다는 것은 능력 밖의 일인 것일까? 아니면 인터넷에서 승승장구하는 그들은 뭔가 특별한 재능을 가지고 태어난 것일까? 하지만 무작정 포기하기에 앞서 무엇이 문제인지 점검해볼 필요가 있다.

결국 '1인 셀러' 시대다

멀티잡 시대라고는 하지만, 20대조차 직장을 구하지 못하는 현 시점에서 경제적 이득을 취할 수 있는 창구는 '창업'이 가장 유력하다. 자유롭게 자란 20대들은 어렵사리 취업한 회사에 쉽게 적응하지 못하고, 퇴사해서 자유롭게 일하고자 한다. 실제로 신입사원 10명 중 3명이 1년 이내에 퇴사하는 것으로 집계되었다(한국경영자총협회, 2016년 신입사원 채용 실태조사). 비어가는 치즈 창고를 바라보는 40~50대도 마찬가지다. 한국의 평균 퇴직 연령은 남자 55.0세, 여자는 47.3세(2017년 발표, 유로스타트)로, 이들이 자의든 타의든 퇴직하고 나서 당장 떠올릴 수 있는 것은 창업밖에 없다.

우리나라의 자영업자 수는 560만 명(2016년 기준)으로 전체 생산

활동 인구 중 30퍼센트를 차지하고 있다. 이는 OECD 국가 중 그리스, 브라질에 이어 세 번째로 높은 수치로 그만큼 안정적인 직장이 부족하다는 의미다. 이제 막 사회생활을 시작하는 새내기나 이미 사회생활을 하고 있는 사람, 은퇴를 앞둔 사람들 모두가 창업을 염두에 둔다. 오프라인 매장을 둔 전통적인 창업 시장은 창업 비용과 위험을 줄이기 위해 1인 창업이 가능한 인터넷·SNS 창업으로 변화하고 있다. 암웨이, 뉴스킨, 애터미, 허벌라이프 등 중간 유통 단계를 배제하고 소비자에게 직접 제품을 공급하는 네트워크 마케팅에 사람들이 몰리는 것도 초기 자본이 적게 드는 1인 창업이 가능하기 때문이다. 이들은 모두 소비자들에게 무언가를 팔고자 하는 '1인 셀러(seller)'들이다.

누구나 생산자가 될 수 있다

1인 셀러의 증가는 자연스러운 시대적 흐름이다. 기술은 이런 현상을 더욱 부채질한다. 단적인 예로 3D 프린팅 기술을 들 수 있다. 30여 년 전 개발되어 시제품을 만드는 데만 사용되어왔던 3D 프린팅 기술은 2009년을 기점으로 특허가 하나둘 풀리기 시작하고 재료 개발이 가속화되면서 급속도로 발전하고 있다. 3D 프린팅 기술로 하루 만에 뚝딱 집을 짓기도 하고, 3D 프린팅 기술로 만든 자동차가 도로를 질주한다. 심지어 찰랑거리는 옷과 먹을 수 있는 음식까지 만들어낼 수 있다. 실제 3D 프린팅 기술을 이용한 파스타, 초콜릿, 사탕 등은 이미 판매되고 있으며, '푸드 잉크(Food Ink)'라는 3D 프린트 팝업 레스토랑은 세계를 돌아다니며 음식은 물론 식기와 조명, 식탁 등을 3D 프린팅 기술로 만들어 판매하기도 한다. 음식도 요리하는 것이 아니라 '찍어내는' 시대로 접어든 것이다.

이처럼 재료만 있으면 3D 프린팅 기술을 이용해 누구나 물건을 뚝딱 만들어낼 수 있다. 아이디어가 있고 설계를 할 수 있으면 얼마든지 생산자가 될 수 있다. 실제로 세계 최초로 3D 프린팅 자동차 '스트라티'를 만든 로컬모터스의 공장에서는 차 한 대를 만드는 데 부품을 조립하는 인원 3명만 필요하다(로컬모터스의 전체 직원은 100여 명이다). 현재 현대자동차 울산공장에서 3만여 명이 일하고 있다는 것을 생각하면 엄청난 차이다(물론 대량생산이라는 차이가 있다고 하더라도).

3D 프린팅 기술이 확산되면 소비자는 굳이 획일화된 물건을 살 필요가 없다. 오직 나만을 위한 디자인, 내 취향에 맞는 것을 요구하면 된다. 아디다스의 스마트 공장이 주문자가 신발 디자인과 색상 등을 고르면 곧바로 생산에 들어가는 것처럼 말이다. 기성복 대

신 맞춤 양복이 다시금 주목받을 것이고, 똑같은 디자인과 색깔의 자동차 대신 자신의 개성을 한껏 드러낸 차를 몰 수 있게 된다. 이에 맞춰 서비스는 계속 성장할 것이고, 맞춤 생산으로 시스템은 하나둘 바뀌어나갈 것이다. 고객 맞춤형 생산 방식인 '비스포크(bespoke)' 서비스와 누구나 생산자이자 셀러가 될 수 있는 '메이커 운동(Maker Movement)'의 세상이 열리는 것이다. 당연히 경쟁은 심화될 것이고, 살아남기 위한 치열한 방법이 강구될 것이다.

개인과 기업, 맞짱도 가능하다!

과거에는 1인 창업자들이 물건을 만들어도 팔 곳이 없었다. 아니, 팔 수는 있었지만 열악한 자본 탓에 홍보할 수 있는 방법이 제한적이었다. 그러나 온·오프라인의 경계가 허물어지면서 1인 셀러들이 물건을 팔고 홍보할 수 있는 여건은 과거에 비해 훨씬 개선되었다. 초기 자본을 많이 들이지 않고도 사업을 시작할 수 있게 된 것이다. 이를 반영하듯 최근 2년 이내에 자영업을 시작한 사람들의 50퍼센트가 초기 자금(종자돈)이 2,000만 원 이하라고 응답했으며, 특히 500만 원 이하인 경우도 10명 중 3명이라고 한다(통계청, 2017년 8월 경제활동인구조사 비임금 근로 부가조사).

이런 현상은 여러 해 전부터 눈에 띄게 증가하고 있다. 유튜버와 SNS 스타들이 그 증거다. 1세대 먹방 BJ인 '벤쯔'나 게임 BJ '대도서관' 같은 이들은 자신만의 특별한 아이덴티티를 내세워 가치를 판매한다. SNS를 통해 개인 취향대로 고른 컬렉션을 홍보하면 이에 공감하는 사람들이 모여 물건을 구매함으로써 수익을 낸다.

대형 서점과 차별화 전략을 내세우는 독립 서점도 1인 셀러의 대표적인 예다. 이들은 대형 서점은 결코 할 수 없는 세분화된 독창성을 무기로 온·오프라인에서 소비자를 끌어모은다. 여행, 고양이, 독립 출판물, 그림, 사진, 시집, 에코 페미니즘 책방 등 테마도 다양하다. 이들은 개인의 취향을 극대화함으로써 같은 관심사를 가진 고객을 주 타깃으로 한다. 그리고 작은 공간을 특화해 '우리 사회가 나아지려면 무엇을 해야 하는가', '고민이 깊어지는 40대'처럼 주제별로 나눠 책을 배치하고, 작은 콘서트나 작가와의 만남, 낭독회 등을 꾸준히 개최하며 소비자와 소통한다. 이들은 비록 초기 자본은 적지만 재빠른 의사결정과 도전적인 활동으로 덩치가 크고 속도가 느린 기업과 맞짱 뜰 수 있는 나름의 경쟁력을 갖추고 있다.

이외에도 기업이 할 수 없는 틈새시장을 찾아 1인 셀러만의 역량을 키우는 사람은 많다. 요리에 자신 있는 사람은 대형 마트나 기업이 시도하지 못하는 자신만의 브랜드를 내세워 쿠킹박스(셰프들의 반조리 제품)나 테이크아웃 수제 맥주 등을 개발해 판매한다.
앞으로 개인이 가지고 있는 가치를 공감하고 나누려는(판매하려는)
사람들은 더욱 늘어날 것이고, 1인 브랜드의 역할은 더욱 커질 것
이다.

기업에서 소비자로,
권력은 지금 이동 중

　근대까지만 해도 글을 안다는 것은 곧 권력이었다. 말은 휘발성이 강하지만, 글은 생명력이 강하다. 글을 알면 세상을 알 수 있고, 세상을 알면 부를 잡을 수 있는 기회가 커진다. 글을 모르면 진정한 의사소통을 하기 어렵고, 사상과 감정을 깊이 공유할 수 없다. 그래서 글을 아는 사람들은 그들이 쌓은 지식을 이용해 글을 모르는 사람들 위에 군림하고 문맹자들을 함부로 부렸다. '문자 권력'을 쥔 특권층은 이를 지속적으로 누리기 위해 백성이 글을 배울 수 없도록 금기시했다. 세종대왕이 한글을 만들 때 모든 과정을 비밀리에 진행할 수밖에 없었던 것도 권력을 쥔 자들이 그것을 결코 놓지 않으려 할 것임을 잘 알고 있었기 때문이다.

현대에 들어서 문맹률은 현격히 낮아졌다. 지금도 여전히 문서를 악용한 사기가 기승을 부리기는 하지만, 글을 몰라서 억울한 일을 당하는 사람은 옛날보다 훨씬 줄었다. 그러나 공공기관이나 기업처럼 '특정 정보'를 쥐고 있는 쪽은 언제나 서민보다 우위에 있었다. 이들이 일반인보다 쉽게 기회를 잡거나 권력을 휘두를 수 있는 것은 정보가 누적되어 있기 때문이다. 13자리 숫자에 불과한 주민등록번호 하나만으로는 할 수 있는 일이 없지만, 축적된 정보는 돈이 된다. 개인정보 유출이 문제가 되는 것도 모두 이 때문이다.

유통에서도 오랜 세월 기업이 권력을 누리기는 마찬가지였다. 기업이 제시하는 가격이 곧 판매가였기 때문이다. 그동안 소비자는 생산자가 일방적으로 제공하는 정보에 의지해서 제품을 선택할 수밖에 없었다. 가격은 적정한지, 원가는 어느 정도인지, 다른 물건과는 어떻게 다른지 비교할 수 있는 길이 없었기 때문이다. 그러나 이제 정보라는 판도라의 상자가 열렸고, 시장은 급변하고 있으며, 그 속에서 기업이 꽉 쥐고 있던 권력은 점차 생산자에서 소비자로 이동하고 있다.

기업이 아닌 소비자가 가격을 책정한다

인터넷의 발달로 소비자도 마음만 먹으면 얼마든지 정보를 얻을 수 있게 되었다. 네이버 지식인, 위키피디아, 사용자 참여 온라인 백과사전 등을 통하면 지구상에 있는 웬만한 지식은 모두 얻을 수 있다. 그뿐만이 아니다. 가치 있는 정보도 기꺼이 공유(오픈소스)하고자 하는 사람들이 있다. 이들은 자신이 개발한 정보를 비밀로 하거나 사용료를 받을 수 있음에도, 유용한 기술을 공유함으로써 더 뛰어난 소프트웨어를 만들 수 있다고 믿는 사람들이다.

이처럼 인터넷을 통해 정보를 찾고, 가치 있는 정보를 나누어 가지고, SNS를 통해 교환하면서 소비자들은 점점 더 현명해지고 있다. 더는 일방적인 기업의 제시에 따라 움직이지 않는다. 약간의 수고를 들이더라도 제품의 가격을 비교해보고 질의 우위를 따지며 합리적인 소비를 하기 시작한 것이다. 기업이 1,000원에 물건을 내놓아도 소비자가 그와 유사한 제품을 찾아 비교해보고 800원이 적당한 값이라고 여기면 그 제품의 가격은 어느새 800원이 된다. 기업은 1,000원이라고 고집할 수가 없다. 경쟁사가 비슷한 제품을 800원으로 낮추기 때문이다. 기업이 고집을 피워봤자 물건은 창고에 쌓여갈 뿐이다.

기업이 가격을 통제할 수도 없다. 만약 기업끼리 모여 가격을 책정하면 '담합'이 되고, 이는 불법이다. 반대로 800원에 물건을 살 수 있음에도 900원, 혹은 1,000원을 지불하는 사람은 이른바 '호갱'이 된다. 실제로 요즘은 기업이 신제품을 발매해도 며칠 만에 가격이 10~20퍼센트 내려가는 일이 비일비재하다.

이제 기업이 일방적으로 가격을 책정하는 시대는 끝났다. 소비자가 합리적인 소비를 하게 되었다는 것은 판매자 입장에서는 물건을 팔기가 더 어려워졌음을 의미한다. 다른 제품보다 월등히 뛰어난 제품을 만들거나 다른 제품과 차별화된 가치를 제공하지 못하면 소비자가 원하는 대로 끌려갈 수밖에 없다. 이는 바꾸어 말하면 판매자의 역할이 더욱 중요해졌다는 것을 의미한다. 수많은 유사한 제품 중에서 나의 제품이 더 가치가 있음을 알릴 수 있는 '전달자'의 역할, 소비자와 감성적으로 소통할 수 있는 연결고리가 그 어느 때보다 중요해진 것이다.

움직이는 정보 권력

정보가 오픈되었다고는 하지만, 권력은 여전히 존재한다. 바로 빅데이터다. 빅데이터가 중요한 것은 4차 산업혁명과 관련된 모든 기술의 베이스가 되기 때문이다. 물론 과거에도 데이터는 있었다.

하지만 그것은 성별, 주소, 나이, 재산처럼 셀 수 있는 정량적인 데이터가 대부분이었다. 그러나 스마트폰이 생겨난 이래, 데이터의 수가 기하급수적으로 늘어난 것은 물론이고 내용까지 정성적으로 바뀌었다. 우리가 만들어내는 사진, 동영상, 글, 음원 등이 모두 데이터가 된 것이다.

아무짝에도 쓸모없을 것 같은 이런 데이터가 왜 중요할까? 빅데이터는 그냥 두면 아무런 쓸모가 없는 쓰레기지만, 이를 분석하고 가공하면 그야말로 어마어마한 가치가 되기 때문이다. 빅데이터가 '정보화 사회의 원유'라고 불리는 이유도 그 때문이다. 인공지능이 지금처럼 스스로 사고하는 체계를 갖추게 된 것도 빅데이터 덕분이고, 자율주행 기술이 가능한 것도, 핀테크나 바이오 기술의 베이스가 되는 것도 역시 빅데이터다.

이야기를 유통 분야로 좁혀보면 쉽게 이해가 된다. 내가 페이스북, 인스타그램, 블로그, 트위터 등에 쏟아낸 데이터는 분류되고, 분석되고, 가공되어 '나'를 만들어낸다. 내가 어떤 음식을 좋아하고, 어디에 자주 다니며, 무엇을 좋아하고, 어떤 것에 심취해 있으며, 이상형은 어떤 타입이고, 어떤 미래를 원하는지 알 수 있다. 나도 모르는 나 자신에 대해 분석하는 것이다. 영화 〈Her〉(2013)에서 인공지능인 사만다가 주인공 테오도르를 사랑에 빠트릴 수 있었던 것도 그를 '분석'했기에 가능한 일이었다.

이처럼 분석된 데이터는 당연히 기업이 활용하고, 개인을 목표로 한 맞춤형 광고에 이용될 것이다. 톰 크루즈 주연의 영화 〈마이너리티 리포트〉(2002)에서 보듯이, 모든 사람에게 획일화된 정보를 송출하는 지금 같은 광고가 아니라 1인에 최적화된 맞춤형 광고를 내보낸다. 짧은 기간 안에 세계적인 기업으로 성장한 페이스북이나 구글, 애플 등은 모두 플랫폼을 이용해 데이터를 모은 기업이라는 것만 보아도 정보의 힘이 어느 정도인지 알 수 있다.

4차 산업혁명으로 인해 우리 사회에 어떤 일이 생길 것인지, 아직까지는 어렴풋이 짐작만 할 뿐이다. 그러나 지금까지의 사례를 볼 때 소비 패턴이 바뀔 것만은 분명하다. 그렇다면 이렇게 변화하는 시장에서 1인 셀러(혹은 영업자)가 물건을 팔 수 있는 방법은 무엇일까? 다른 누구도 범접할 수 없는 오직 나만의 영역, '블루오션'만이 그 해답이 되는 것일까?

영원한 블루오션은 없다

2007년, 나는 소니코리아에서 인정받는 조직원이었다. 당시 각각 온라인과 오프라인의 최대 거래처였던 홈쇼핑과 하이마트 두 곳을 모두 담당했고, 영업사원이 마케팅으로 넘어가기 어려운 회사 내 구조임에도 팀장을 맡아 마케팅팀을 이끌었다. 그럼에도 창업을 고려했던 것은 디테일한 준비가 되어 있거나 장기적인 플랜이 있어서라기보다, 일단 회사에서 인정받고 실적도 좋으니까 내가 직접 회사를 운영해볼까 하는 욕심이 생겼기 때문이었다. 게다가 누가 시킨 것도 아니건만, 마흔 이전에는 내 일을 해야 한다는 강박관념도 나를 계속 짓눌렀다.

다른 한편으로는 글로벌 기업에 다니면서 짧게는 3년, 길게는 5

년마다 주요 책임자가 바뀌는 구조에도 염증을 느끼고 있었다. 본사 주재원이 취임할 때마다 정책이 바뀌고, 거기에 적응하는 동안은 손실이 꽤 컸기 때문이다. 결국 회사에 사표를 던지고 3개월도 채 안 되는 짧은 기간 동안 준비를 해서 유니마케팅이라는 유통·컨설팅 회사를 세웠다. 초기에는 회사가 생각대로만 잘 운영된다면 시간적으로도, 경제적으로도 여유가 생길 거라는 막연한 기대감으로 희망에 충만했었다.

시간의 여유와 삶의 여유는 다른 문제다. 유니마케팅을 차린 후 누가 뭐랄 사람이 없으니 시간은 많았지만, 예전과 달리 생존이 걸려 있는 문제였다. 브랜드라는 울타리가 사라졌고, 직원들을 먹여 살려야 한다는 중압감은 조직에 있을 때와는 비교 불가였다. 책임감은 몇 배나 무거워졌고, 그만큼 압박감도 더해졌다. 마치 드넓은 황량한 전쟁터에서 방패도 없이 최전선에 서 있는 느낌이었다. 직원 5명으로 연평균 30억 원가량의 매출을 올렸으니 딱 먹고살 만큼 벌었다. 회사를 더 키울 것인가 말 것인가 고민하고 있을 때 지금 몸담고 있는 후지필름으로 자리를 옮길 기회가 생겼다.

결론적으로 4년간 유니마케팅을 운영하면서 얻은 것은 영업이 발전하면 경영이 된다는 점이다. 4년이라는 짧은 시간이었지만 그 사이에 많은 일을 겪었고, 축적된 경험은 자산으로 남았다. 영업의 가치를 재발견했으며, 영업의 영역은 확장되고 시야도 넓어졌다.

절대 강자는 없다

경영자들은 경쟁이 없는 블루오션을 찾아야 한다고 역설한다. 하지만 유니마케팅을 운영하면서 느낀 것은 그와 정반대로 영원한 블루오션은 없다는 것이다. '선도자의 법칙'이 무너진 지는 이미 오래다. 선도자 법칙의 핵심은 더 좋은 제품을 만들어서 파는 것보다 시장을 선점하는 편이 더 낫다는 것이다. '최고보다 최초'가 사람들의 기억 속에 훨씬 더 빨리, 깊이 각인된다는 것이 그 이유다. 물론 스카치테이프, 타이레놀처럼 최초의 브랜드가 여전히 선도적인 지위를 차지하고, 상품명이 곧 해당 제품의 대명사처럼 쓰이는 경우도 있다. 그러나 인터넷이 발달하면서 선도자의 법칙은 구시대의 유물이 되었다.

1996년 노키아는 세계 최초로 휴대전화에 HP PDA를 결합한 스마트폰을 출시했다. 스마트폰이라고 말하기에는 부족하지만, 어쨌든 융합의 개념이 처음으로 적용되었다. 그 후 2000년 중반쯤 RIM사의 블랙베리폰이 등장했다. 버락 오바마 전 미국 대통령도 블랙베리폰 애용자로 유명했다. 그러나 '어른들의 장난감'이라 불리는 아이폰이 등장하자 휴대폰 시장은 급변했다. 그야말로 돌풍이었다. 선도자의 법칙으로 보자면 노키아나 블랙베리가 여전히 시장을 선점하고 있어야 하지만, 오늘날 두 제품은 찾아보기 어렵다.

선도자의 법칙과 더불어 모든 시장은 오직 두 마리 말이 달리는 경주가 된다는 '이원성의 법칙'도 무너진 지 오래다. 마케팅 면에서 브랜드를 살펴보면 과거 시장에서는 대체로 오래되고 믿을 수 있는 브랜드와 갑자기 부상한 브랜드 간의 혈전이 벌어지는 것을 볼 수 있었다. 예를 들어 에너자이저 vs. 듀라셀, 후지필름 vs. 코닥, 허츠 vs. 아비스, 리스테린 vs. 스코프, 맥도날드 vs. 버거킹, 나이키 vs. 리복 같은 식이다. 여기에 또 하나의 브랜드가 가끔 끼어들기도 했다. 후지필름 vs. 코닥 vs. 아그파, 코카콜라 vs. 펩시콜라 vs. 로열크라운 콜라처럼 말이다.

과거 소비 시장은 이들 브랜드가 거의 나눠 먹다시피 했다. 초창기에는 선도자 60퍼센트, 2위가 25퍼센트, 3위가 6퍼센트를 차지하는 구조였다가 경쟁 과정을 지나면서 선도자가 45퍼센트, 2위가 40퍼센트, 3위가 3퍼센트가 되는 구조다. 나머지 10퍼센트 정도의 시장을 수많은 개인 회사나 군소 브랜드들이 나눠 가졌다. 이러한 양상은 오랫동안 어떤 제품에도 적용되는, 마치 공식 같은 것이었다. 선두를 놓고 각축을 벌이는 1, 2위 간의 경쟁에서 3위는 결코 쉽게 성장하지 못했다.

그러나 현재로 넘어오면 상황은 전혀 다르다. 2016년도 전 세계 스마트폰 점유율을 살펴보면 삼성 20.5퍼센트, 애플 14.4퍼센트, 화웨이 8.9퍼센트, 오포 5.7퍼센트, BBK 커뮤니케이션 이큅먼트

4.8퍼센트, 기타 45.6퍼센트다(가트너, 2017년 2월). 선도자의 법칙과 이원성의 법칙이 완벽하게 무너진 것이다.

이제 절대적인 강자는 없다. 다양한 브랜드가 존재한다. 소비자들은 더 이상 점유율 1, 2위 브랜드라는 이유만으로 쉽사리 선택하지 않는다. 후발 주자라도 '영업력'을 바탕으로 도약할 수 있는 시대다. 여기에는 소비자의 다양해진 기호가 바탕이 된다.

제2차 세계대전 이후 '네덜란드의 맥주왕'이라고 불리는 하이네켄이 미국에 수입되면서 맥주 시장의 30퍼센트를 차지할 정도로 그 영향력은 대단했다. 그러나 40여 년이 지난 지금 미국에서는 모두 425종의 맥주가 팔리고 있으며, 하이네켄의 시장점유율은 9퍼센트로 3위에 그치고 있다. 소비자의 입맛이 그만큼 다양해진 것이다. 정치도 시대상을 반영한다. 우리나라의 정치 지형이 여야 양당 구조에서 더불어민주당, 자유한국당, 국민의당, 바른정당, 정의당처럼 여러 정당이 공존하는 형태로 바뀐 것은 정치 소비자의 생각과 성향이 그만큼 다양해졌음을 보여주는 단적인 예다. 모두 열린 정보의 영향이다.

열린 정보, 득일까 독일까

다시 유니마케팅 시절로 돌아가보자. 한때 스마트폰에 연결해서 사용하는 커다란 수화기가 유행하던 적이 있다. 스마트폰은 주머니에 넣고 커다란 수화기로 통화하는 게 젊은이들 사이의 유행이었다. 그 아이템을 선도적으로 수입해서 판매한 곳이 다름 아닌 유니마케팅이었다. 처음에는 제품이 날개 돋친 듯 팔렸다. 하지만 그건 딱 일주일 동안이었다. 일주일 후 유사 제품이 우후죽순처럼 등장하면서 가격이 떨어지기 시작했다. 50퍼센트 마진을 보고 판매하던 제품이 후발 주자들 때문에 2주 만에 원가 가까이로 떨어졌다. 그리고 다시 2주가 지나자 원가 이하로 팔아서라도 재고를 털어낼 수밖에 없었다.

과거에는 정보가 일정 사람들에게만 오픈되어 있었지만, 지금은 정보의 독점이 불가능하다. 내가 알면 다른 사람도 알고 있는 제품이라는 의미이며, 내가 잘 팔릴 것이라고 생각하는 제품은 다른 사람 눈에도 잘 팔리는 제품으로 인식될 가능성이 크다는 이야기다. 그리고 이런 판매자들은 대부분 온라인을 기반으로 하고 있으며, 정보를 검색하는 데 익숙한 사람들이다. 이들은 어떤 제품이 인기가 있고 잘 팔리는지 귀신같이 알아낸다. 이처럼 수많은 '귀신들' 사이에서 100퍼센트 차별화하여 무언가 전혀 다른 제품을 만들어내기란 쉽지 않다.

셀카봉도 마찬가지다. 처음 셀카봉이 등장했을 때 사람들은 이 새로운 도구에 열광하며 그 가치에 순순히 지갑을 열었다. 그러자 여기저기서 비슷한 셀카봉이 등장하더니 몇 달 지나지 않아 몇천 원짜리 흔하디흔한 제품이 되고 말았다. 초기에 셀카봉을 팔았던 사람들은 돈을 벌었겠지만, 그것은 아주 단기간에 지나지 않았을 것이다. 소비자에게 권력을 쥐여줬던 열린 정보가 역으로 판매자 (1인 셀러)에게는 독이 되는 것이다.

레드오션에서 살아남을 방법을 찾아라

"왜 계속 이 나무 아래인 거죠? 내가 살던 곳에서는 이렇게 오랫동안 빠르게 달리면 다른 곳에 도착하는데 말이에요."

"여기선 있는 힘껏 달려야 지금 그 자리에라도 계속 있을 수 있단다. 다른 곳에 가고 싶으면 아까보다 최소한 두 배는 더 빨리 달려야 해."

영국 작가 루이스 캐럴(Lewis Carroll)의 동화 《이상한 나라의 앨리스》의 속편 《거울나라의 앨리스》에 나오는 대사 중 하나다. 붉은 여왕의 손에 끌려 한참을 달렸는데도 제자리인 것을 깨닫고 앨리스가 붉은 여왕에게 '왜'라고 묻는다.

생물이 진화에서 뒤처지지 않기 위해서는 끊임없이 발전해야 한다. 기업이 아무것도 하지 않으면 결국은 사라진다. '붉은 여왕 가설'의 핵심은 경쟁에 노출된 조직이 실패 확률이 낮다, 즉 끊임없는 경쟁이 성장의 핵심 동력이라는 것이다.

이제는 아이디어 하나만으로도 셀러(CEO)가 될 수 있는 시대다. 아이디어가 좋다면 자본은 문제가 되지 않는다. 매력적인 아이디어가 있다면 크라우드펀딩을 통해서라도 자금을 확보할 수 있다. 투자자들은 돈을 벌어다 줄 새로운 아이템에 항상 목말라 있다.

아이디어를 현실화할 가능성은 항상 열려 있다. 그러나 비아그라처럼 쉽게 조제할 수 없는 아이템이 아니라면 특허도 무용지물이다. 하이에나처럼 달려드는 후발 주자들을 어쩌지 못한다. 21세기의 가장 혁신적인 제품이라는 애플의 스마트폰도 삼성에 따라잡혔고, 2위 자리마저도 위태로운 지경이다. 제조업체의 물건을 받아서 팔아야 하는 대형 유통업체인 백화점과 마트조차도 저성장 시대에 합리적으로 바뀐 소비자의 입맛을 맞추고자 자체적으로 만든 브랜드인 PB 상품을 내놓으며 소비자의 선택의 폭을 넓히는 데 기여했다.

1인 셀러도 엄연한 창업이다. 창업을 하기 위해서는 막연한 핑크빛 환상에 빠지면 안 된다. '이건 잘되겠지' 하는 근거 없는 긍정적 마인드는 금물이다. 유동 인구, 경쟁 매장 수, 매출 등 상권에 대한 분석은 물론이고 소비자가 매장에 와야 하는 이유, 타 업체와 비교 우위에 있는 자신만의 경쟁력, 그리고 고정비용과 매출, 매출 이익의 상관관계 등을 철저하게 고려하고 따져보아야 한다. 이처럼 끊임없이 의심의 눈초리로 사업을 바라보며 문제점을 발견하고, 그 문제점을 해결하는 과정에서 발전적인 의사결정을 하게 된다.

블루오션은 없다. 완전히 새로운 것, 더 나은 것, 앞서나갈 수 있는 것…… 그런 허망한 블루오션을 찾는 것보다 레드오션에서 다른 사람이 경험한 실패를 교훈 삼아 어떻게 살아남을 수 있을지를 고민하는 것이 더 현실적인 방안이다. 레드오션에서 경쟁을 통해 실패와 성공의 과정을 거치며 더욱더 단단해지는 것, 그것이 생존을 위한 경쟁력이다. 그리고 그 경쟁에서 이길 수 있는 무기가 바로 '영업'이라고, 나는 믿는다.

인생도 사업도
결국은 영업이다

- 영업(營業) : 영리를 목적으로 하는 사업. 또는 그런 행위
- 영리(營利) : 재산상의 이익을 꾀함. 또는 그 이익

영업 활동은 생각보다 광범위하다. 우리의 삶부터가 그렇다. 인간의 삶은 태어나서 죽을 때까지 영업 활동의 연속이다. 아이들은 생후 7개월만 되어도 어른 눈에서 감정을 읽을 수 있다. 스스로 아무것도 할 수 없는 아이들은 사랑받기 위해(살아남기 위해) 부모의 감정을 살핀다. 물론 본능적 행동이지만, 바로 본능이라는 점에 주목할 만하다. 조금 더 커서는 원하는 것을 얻어내기 위해, 혹은 용돈을 올려 받기 위해 부모에게 애교를 부리고, 약속하고, 타협한다.

취업에도 영업 전략이 필요하다

　성인이 되면 삶은 좀 더 영업적으로 접근된다. 가장 대표적인 것이 취업이다. 시험을 치르고 면접을 보는 것은 나의 '가치'를 판매해 영리를 얻는 것이 목적이다. 시험과 면접은 상대방을 설득하는 과정이다. 이때 심사위원은 수많은 구직자(제품) 중에서 무엇을 선택할지 고민하는 합리적인 소비자가 된다. 여러분이 애플과 삼성, LG의 스마트폰을 놓고 가격과 디자인, 성능, 가성비 등을 꼼꼼히 살펴보는 행위와 같다. '내가 기업을 이끄는 CEO라면'이라고 입장을 바꿔놓고 생각해보면 답은 바로 나온다. 같은 값이면 다홍치마라고, 내게 좀 더 돈을 벌어다 줄 수 있는 직원을 뽑길 바랄 것이다.

　영업이란 '가치를 만드는 일', '사람의 마음을 얻는 일'이다. 쇼핑에 대입해보면 쉽게 알 수 있다. 최고의 쇼호스트는 고가가 아니라 제품이 가진 가치를 찾아내 적시적지(適時適地)에 물건을 파는 사람이다. 반드시 최고의 브랜드여야 한다고 고집하지 않는다. 소비자가 그걸 사야 하는 확실한 이유를 만들어 파는 것이다. 이런 관점에서 볼 때 취업은 가장 전략적인 영업 활동이다. 만약 자신을 수많은 그저 그런 사람 중 한 명이 아니라 회사에 유용한, 분명히 실패하지 않을 가치를 가진 존재로 어필할 수 있다면, 즉 제대로 영업을 한다면 결과는 크게 달라질 것이다.

성공한 인생으로 가는 지름길

좋은 친구를 만나 관계를 유지하는 것도 그 사람의 가치를 존중해주고 인정한다는 의미다. 만약 친구를 만나서 얻는 것이 아무것도 없다면 굳이 시간을 할애해서 만날 이유가 없다. 술 한잔 기울이면서 대화를 나눌 때 얻는 마음의 평온, 힐링, 즐거움, 혹은 다른 그 무언가가 있기 때문에 우리는 친구를 만난다. 연인 사이도 마찬가지다. 만약 외모나 조건만 따져서 연애하고 결혼한다면 과연 이 세상에 결혼할 수 있는 사람이 몇 명이나 되겠는가. 우리는 모두 송혜교나 수지, 설현이 아니며, 박보검이나 강동원, 원빈도 아니다. 인생을 영업과 연관 짓는다면 각자가 자신의 영업 활동에 성공했기 때문에 연애도 하고 결혼도 하는 것이다.

이런 관점에서 결혼 후에도 영업 활동은 필요하다. 종족 보존의 본능만을 위한 것이라면 출산 후 더는 배우자를 살뜰히 보살필 이유가 없다. 하지만 사람은 종족 보존의 본능만 가진 존재가 아니다. 배우자의 생일을 기억하고, 배우자의 부모를 챙기고, 결혼 후에도 예쁘게 혹은 멋지게 보이도록 노력한다. 이 모든 것이 결국은 영업의 일환이다. 그리고 이런 활동에 따라 결혼 생활에 성공하기도, 실패하기도 한다. 만약 평소에 전화를 자주 하지 않는 사위가 장모가 아프다는 사실을 알고, 퇴근할 때 죽 한 그릇을 사 들고 찾아뵙는다면 필경 그건 아주 성공적인 영업이 될 것이다. 매일 전화해서 안부를 묻는 것보다 훨씬 더 큰 임팩트를 남길 것이기 때문이다. 군이 아내에게 말하지 않아도 당연히 그 이야기는 전해질 것이고, 가정은 평화로워질 것이다.

물론 인생을 영업이라는 한 가지 시각으로만 바라볼 수는 없다. 인간관계에서 일어나는 모든 행위의 바탕에는 상대방에 대한 진심과 사랑, 신뢰, 이해가 깔려야 하기 때문이다. 그럼에도 나는 한 번만이라도 인생을 영업이라는 시각에서 바라보라고 권하고 싶다. 그러면 지금 이 시점에서 자신이 어떤 행동을 취해야 하는지가 좀 더 분명하게 보일 수 있기 때문이다.

영업은 결국 '가치'에 대한 이야기다

모든 활동을 영업으로 치부해버린다면 인생이 너무 삭막하게 느껴질 수도 있다. 그러나 우리는 연애를 할 때도, 결혼 상대를 고를 때도 상대가 나를 비롯해 내 가족과도 원만하게 지낼 수 있는지를 본다. 나의 이익을 목적으로 한 행동을 취하는 것이다. 만약 내가 상대에게, 비록 실체는 없더라도 사랑, 위안, 안정감 등을 얻지 못한다면 관계를 지속할 이유가 없다. 내가 부모에게, 남편에게, 혹은 친구나 자녀에게 "사랑해"라고 말하는 것은 정말 사랑해서이기도 하지만, 때론 전략적으로 사랑한다고 해야 할 때도 있는 법이다.

영업이란 넓게 보았을 때 결국 '가치'에 대한 이야기다. 그것은 인간 활동의 모든 영역에 해당된다. 이른바 컨설턴트나 변호사는 물론이고 의사, 심지어 학교도 영업을 한다. 그것도 아주 치열하게 한다. 해외 MBA를 나와서 컨설팅이나 투자 분석을 하는 컨설턴트의 목표는 거래를 성사시키는 딜(deal) 메이커가 되는 것이다. 변호사도 수임을 해야 먹고살 수 있다. 의사 역시 마찬가지다. 병원만 차려놓고 영업을 하지 않으면 그 병원은 파리만 방문하는 처지가 될 것이다. 가만히 앉아 있는다고 되는 것은 아무것도 없다. 정치도, 외교도 모두 영업이다.

수많은 젊은 층이 선호하는 직업인 공무원도 마찬가지다. 안정적이라는 것만 제외하면 사내 영업이 치열하기는 일반 기업과 마찬가지다. 실제로 서울 교통운영과에서는 종로의 중앙버스전용차로를 실시하기 위해 1년여 동안 각 부서는 물론이고 주변 상인들, 시민단체들과 109회의 면담을 했다고 한다. 고작 2.8킬로미터의 도로를 재단장하기 위해서 이해관계자들을 만나 이야기를 듣고, 설득하는 과정을 거친 것이다. 이 모든 것을 무엇이라고 할 것인가. 결국 인간의 삶에는 영업이 닿지 않는 구석이 없다.

모두에게 이로운 세상

이제 우리는 잉여 인력에 대해 생각해야 할 때다. 조선업의 침체로 불황을 겪고 있는 거제시나 아디다스의 스마트 공장을 떠올려봐도 미래는 쉽게 예상할 수 있다. 공장은 자동화되고, 오프라인 매장도 줄면 줄었지 늘어나기는 쉽지 않을 것이다. 2017년 3월 씨티은행은 전국의 지점 133곳을 32곳으로 줄이겠다는 폭탄선언을 했다. 잉여 인력이 생기면 당연히 실업률은 높아질 것이고, 삶의 수준은 낮아질 것이다. 국가에서는 이를 보전해줄 수 있는 방법을 찾을 테지만, 문제 해결은 녹록지 않을 것이다.

미국 최대의 온라인 유통업체 아마존은 숨겨진 자산을 활용해 이익을 극대화했다. 아마존의 자회사 AWS(Amazon Web Services)는 블랙 프라이데이(Black Friday)나 사이버 먼데이(Cyber Monday) 등 소위 '대목'에 매출을 극대화시키기 위해 구축해둔 인프라를 활용한 사업이다. 아마존이 구축한 IT 인프라는 특정 기간을 제외하고 평상시에는 필요 없는 잉여 자산이었다. 아마존은 이 잉여 자산을 외부 고객이 이용할 수 있도록 하는 방안을 고민했고, AWS를 만들었다. AWS는 세계 최대의 클라우드 서비스 제공업체로 성장했고, 아마존 전체 이익의 약 70퍼센트 이상을 책임지는 사업이 되었다.

사람을 없애고 모든 것을 바코드로 만든다고 해서 꼭 좋은 것은 아니다. 이 제품이 좋다는 것을 설명할 수 있는 기회조차 잃어버리기 때문이다. 그렇다면 교육을 통해 잉여 인력을 영업으로 확장할 가능성이 충분히 있지 않을까? 어차피 글로벌 시대다. 페이스북도 영업사원이 전체 직원의 40퍼센트가 넘는다. 전 국민의 영업인화가 말이 안 될 이유는 무엇인가.

글로벌 IT 기업 델(Dell)의 창업주인 마이클 델은 12살에 우표를 판매해 돈을 벌고, 16살에 신문 정기구독 영업을 해서 큰돈을 벌기도 했다. 어려서부터 영업 습관이 몸에 배어 있었던 것이다. 그런데 우리는 시대가 변했지만, 어떻게 해야 이런 세상에서 살아남을 수 있는지를 알려주는 사람이 없다. 심지어 부모조차도 말이다.

이제는 시대가 변했다는 것을 인정해야 한다. 그리고 취업준비생이든, 직장인이든, 주부든, SNS 블로거든, 은퇴를 앞둔 사람이든 모두가 잠재적인 1인 셀러, 곧 영업자다. 이 책을 읽고 있는 여러분이 모두 1인 셀러인 것이다. 이를 인정하면 그다음부터는 한 발씩 앞으로 나아가면 된다. 한 발 앞으로 나가기 위해서는 가장 먼저 고정관념에서의 탈피, 즉 영업에 대한 잘못된 인식부터 바꿀 필요가 있다.

가치 전달, 감동의 공유,
마음을 얻는 일······
어떤 말로 치장하든 결국
'팔 수 있는' 사람만이 살아남는다.
문제는 잘못된 인식이다.

2장

하늘이 무너져도
솟아날 힘, '영업'

누구나 시작할 수 있지만
아무나 할 수 없는 영업

언젠가 한 인터넷 게시판에서 대학생이 쓴 '영업이 싫은 이유'라는 글을 보았다. 그 대학생이 뽑은 이유는 다음 네 가지다.

첫째, 발품을 팔아야 한다.

둘째, 힘들다.

셋째, 불안정할 것 같다.

넷째, 한직일 것 같다.

여러분은 이 중 몇 가지 항목에 동의하는가? 한 가지? 두 가지? 혹은 전부 맞다고 생각하는가?

영업을 거부하는 사람들의 문제

'영업'이라는 말을 너무 많이 들어온 탓에, 영업을 잘 모르는 사람들조차 영업에 대해 잘 안다고 착각하곤 한다. 즉 영업을 단순히 물건을 파는 '장사', 즉 전문성이 없고 기술도 없어서 먹고살 일이 막막할 때 뛰어드는 직종으로 생각한다. 한마디로 별 볼 일 없는 직종이 영업이라고 생각하는 것이다. 자동차, 보험, 제약 같은 분야에서 '영업사원 상시 채용'이라는 공지가 흔히 붙는 것도 이런 인식을 공고히 하는 데 한몫 거든다. 이렇다 보니 영업 하면 떠올리는 단어는 민폐, 부탁, 비굴, 하소연, '을(乙) 중의 을' 등이고, 나는 물론이요 내 자식, 내 남편이 영업맨이어서는 곤란하다는 인식이 짙게 깔려 있다. 영업을 직접 하라고 하면 격한 저항에 부딪히기도 한다.

어쨌든 영업과 사업, 한 글자 차이지만 뉘앙스는 확실히 다르다. 전자는 을, 후자는 갑이라는 생각이 들게 한다. 그러나 생각해보면 네트워크 마케팅 역시 비즈니스 전개의 핵심은 '소비 만족'과 '제품 감동'이다. 결국 소비자를 설득해 상품을 파는 일인 것이다. 이렇게 저렇게 말을 바꾸어도 결론은 '영업'이라는 원점으로 돌아오게 되어 있다.

'사막에서 난로를 팔고 북극에서 냉장고를 판다'는 말이 있다.

진정한 영업맨이라면 어떤 상황에서든 제품을 팔 수 있어야 한다는 의미로 영업을 설명할 때 곧잘 인용되는 문구지만, 이 말은 영업이라는 직업의 극한을 드러내고 있어 오히려 영업에 대한 부정적인 인식을 더욱더 부채질한다.

영업의 대가이자 《장사의 시대》의 저자인 필립 델브스 브러턴은 "에스키모인에게 얼음을 팔 수 있느냐?"라는 질문은 '소비자에게 꼭 필요한 물건을 판매해 소비자를 더 행복하게 만들자'는 영업의 기본 이념을 무시한, 영업인에 대한 모욕이라고 단언한다. 영업이란 소비자의 욕구를 파악해 그들에게 어떤 혜택을 줄 것인지를 고민하는 일인데, 얼음이 필요치 않은 에스키모인에게 얼음을 팔려고 하는 행위 자체가 잘못된 영업이라는 것이다. 그는 영업인이라면 소비자에게 당장 필요하지 않은 상품이라도 팔아야 한다는 식의 고정관념이야말로 영업의 본질을 매도하는 일이라고 비판한다.

나는 영업이야말로 주도적인 삶을 위해 온전히 뛰어드는 행위라고 생각한다. 과거에는 먹고살기 위해 칼과 활을 들고 사냥에 나섰다면, 이제는 먹고살기 위해 치열하게 팔아야 하는 시대다. 수많은 취업준비생이 좁은 문을 뚫기 위해 열을 올리고 있는 삼성, 현대, LG, SK 같은 대기업도 모두 물건을 파는 현장의 선봉에 서 있는 곳들이 아닌가. 그리고 그 중심에서 돈을 버는 부서는 오로지 한 곳, 영업뿐이다. 그 이름을 사업이라고 부르든, 감동의 공유라고 부르든, 혹은 문화 판매, 가치 전달이라고 칭하든 간에 이 시대를 살아가는 데 있어서 영업은 배제할 수 없는 능력인 것만은 분명하다. 영업이라는 행위 자체를 부정하는 것은 곧, 나는 성공하기 싫다는 말과 같다. 성공을 바라면서 그에 꼭 필요한 도구를 거부하는 것이다.

영업은 누구나 할 수 있지만, 아무나 결과를 만들어내는 것은 아니다. 영업이야말로 사람의 심리를 다루고, 전략을 수립하고, 끊임없이 노력하고, 행동이 뒤따르지 않으면 안 되는 고도의 직업군이기 때문이다.

영업을 성공의 동력으로 만드는 법

다시 한 번 서두에 소개한 대학생의 글을 생각해보자. 발품을 팔지 않고, 고되지 않고, 불안정하지 않은 일이 세상에 어디 있는가. 유산을 물려받은 자산가가 아니라면 세상 어디에도 쉬운 일은 없다. 영업은 곧 현장이다. 현장을 모르면 무엇을 해도 성공하기 어렵다. 디자인, 예술, 기술 개발은 물론 교육도 현장을 알아야 한다. 어떤 직장을 다니든, 어떤 부서에서 일하든, 일의 종류에 따라 현장이 어디인지가 달라질 뿐 발품을 팔아야 한다는 원칙에는 변함이 없다. 대학생들이 선호하는 마케팅도 마찬가지다. 마케팅에서 현장을 아는 것과 모르는 것은 천양지차다. 같은 마케터라도 시장(현장)에 나가서 사람들을 만나고 이야기를 나누는 사람과 사무실에 앉아서 머릿속으로만 상상해 펜대를 굴리는 사람은 결과물에서 근본적으로 차이가 난다.

모든 일은 힘들다. 육체적으로 힘이 좀 덜 드느냐 안 드느냐의 차이일 뿐, 쉬운 일은 없다. 속된 말로 '남의 돈 먹기'란 결코 쉽지 않다. 당연히 스트레스도 받는다. 지금 잘나가는 사업가라고 해서 스트레스가 없지는 않을 것이다. 오히려 여러 사람의 인생을 짊어지고 있어 미래에 대한 압박감 때문에 더 큰 스트레스를 받을지도 모른다. 안정적인 공무원이라고 해서 스트레스가 없을까? 윗사람들 눈치 보고, 민원에 시달리고, 격무에 허덕이느라 스트레스를 안 받을 수가 없을 것이다.

일을 하는데 스트레스가 없다면 그것도 문제다. 모든 일은 크고 작은 문제를 해결하면서 앞으로 나아간다. 손님이 많아서 북적이면 북적이는 대로 안전사고나 도난 위험이 커지고, 물건이 엉망이 되거나 소비자와 마찰이 생기는 등의 문제가 발생한다. 반대로 손님이 없으면 그 자체가 스트레스일 것이다. 언제든 내가 원하는 딱 적당한 선이란 없다. 적당히 재미있고, 적당히 힘들고, 적당히 일하면서, 적당히 인생을 즐길 수 있는 일은 이 세상에 없는 것이다.

직업이 불안정한 것도 마찬가지다. 지금 시대에 불안하지 않은 직업이 어디 있을까. 아니, 인간 자체가 원래 불안정한 존재다. 어렵게 들어간 회사도 마흔이 넘어가면 명퇴에 대한 은근한 압박을 받는다. 하지만 돈 10~20만 원에도 직장을 옮기는 것이 요즘 세태다. 누가 누구를 탓할 수 있는 환경이 아닌 것이다.

영업은 성공적인 인생을 살아가는 데 가장 기본이 되는 바탕이며, 인생의 들러리가 아닌 주역이 될 수 있는 수단이다. 영업이 없으면 관리해야 할 비즈니스 자체가 없어진다. 특히 1인 셀러, 1인 CEO는 언제든지 "나는 영업사원이다"라고 다짐하고 당당하게 말할 수 있어야 한다. 영업만큼 중요한 것은 없다는 자부심을 가질 수 있어야 한다. 이렇게 영업에 대한 인식을 바꾼다는 것은 성공으로 가는 첫발을 떼는 일이다. 지금이야말로 영업에 대해 다시 한번 생각해보아야 할 때다. '영업'에 대한 인식을 바꾸고 시작한다면 분명 다른 사람보다 한 발 더 빨리, 지혜롭게 움직일 수 있을 것이다.

영업이 곧 경영이다

국내에서는 영업 하면 전통적인 방문판매원 이미지를 떠올리는 사람이 많다. 물건을 싸 들고 가가호호 다니면서 제품을 팔던 시절의 이야기다. 하지만 영업은 무작정 쳐들어가서 무조건 물건을 사라고 생떼를 쓰는 일이 아니다. 영업력이란 '잘 설명하는 능력', '화려한 언변', 더 나아가 '많이 판매하는 능력'이 아니라는 이야기다. 영업사원이 길러야 할 진짜 전문성은 소비자의 욕구를 정확하게 파악하고 이를 해결해주는 능력이다. 서울대학교 소비자학과 김난도 교수는 영업자를 '컨설턴트(consultant)'라고 불렀지만, 나는 '에반젤리스트(evangelist)', 즉 가치전달자라 부르고 싶다.

영업자는 제품에 대해서 그것을 개발한 엔지니어에 근접한 수

준까지 알고 있어야 한다. 그런데 많은 영업자들은 물건을 팔면서도 그것이 다른 제품에 비해 무엇이 뛰어난지 정확히 모른다. 아무튼 좋으니까 사라는 식이다. 이렇게 해서는 결코 상대방을 설득하지 못한다.

하버드 출신의 경영 컨설턴트가 영업맨이 된 사연

아무리 영업이 중요하다고 떠들어도 특별한 계기가 없는 이상 사람의 인식이 하루아침에 바뀌긴 어렵다. 하버드 MBA 출신의 보스턴비어컴퍼니(Boston Beer Co.) 창업주인 짐 코흐도 영업에 대해 부정적인 인식을 가진 사람 중 한 명이었다. 짐 코흐는 아버지가 하던 수제 맥주 가게를 이어받은 뒤 회사를 차리기로 했다. 경영 컨설턴트였던 그는 영업이란 사람들의 주머니에서 돈을 털어내는 행위라는 생각을 가지고 있었고, 맥주 맛을 차별화하고 전략을 잘 짜면 사업이 번창할 것이라고 믿었다. 그러나 보스턴의 모든 맥주 유통업자들이 보스턴비어컴퍼니 맥주의 납품을 거절했다. 맥줏집 사장들이 인지도 없는 맥주를 굳이 취급해야 할 이유가 없었던 것이다. 이 문제를 해결하기 위해 백방으로 뛰어다니던 짐 코흐는 결국 맥주를 팔기 위해서는 현장으로 나가야 한다는 답을 얻었다.

처음 접하는 영업 현장을 회고하면서 그는 "무서워 죽을 것 같았다"라고 토로했다. 한 번도 무언가를 팔아본 적이 없는 데다 모르는 사람들을 상대해야 했으니 어쩌면 당연한 두려움인지도 모르겠다. 짐 코흐는 현장에 나가기에 앞서 전설적인 판매왕 톰 홉킨스의 책 《판매의 기술》을 읽은 후 나름대로 시나리오를 세웠다. 1단계, 나를 소개한다. 2단계, 회사에 대해 물어보고 상대방이 모른다고 대답하면 회사를 소개할 수 있는 짧은 기사를 보여준다. 3단계, 맥주 맛을 보여주고 직접 경험하게 한다.

불안한 마음으로 시나리오를 들고 현장에 나선 그는 첫 번째 영업에 성공한다. 맥주 맛을 본 술집 주인이 맥주를 팔아보겠다고 나선 것이다. 이렇게 첫 영업에 성공한 이후로 그는 직접 술집을 찾아다니기 시작했다. 처음에는 경영 전략과 차별화된 제품만으로 성공할 수 있다고 믿었지만, 반복된 실패를 통해 영업의 중요성을 깨닫게 된 것이다. 그리고 회사를 설립한 지 28년 만에 호박을 발효시켜 만든 맥주 '새뮤얼 애덤스'를 성공시키며, 지금은 320명의 영업사원을 거느린 연평균 매출 5억 달러(약 5,500억 원)의 기업으로 성장시켰다. 그는 지금도 다른 어떤 비즈니스 활동보다 영업에 더 많은 시간을 할애하고 있다.

영업이 매력적인 이유

하버드대학교를 졸업한 인재에게도 모르는 사람을 상대한다는 것은 쉽지 않은 일이었다. 따라서 영업에 대해 막연한 불안감을 가진다는 것은 이해할 수 있다. 그러나 내가 해보지 않은 일이라 불안하다고 해서, 일 자체를 부정적으로 왜곡해서는 곤란하다. 태어나서 한 번도 캐비어(철갑상어 알)를 먹어보지 못한 사람에게는 아무리 캐비어의 맛을 설명해도 공허한 수사에 지나지 않는다. 일단 한 숟가락이라도 입에 넣어봐야 맛을 평할 수 있다. 영업도 마찬가지다. 한 번의 성공은 두려움을 잊게 하고, 영업이 필요한 이유를 체험으로 알게 해준다.

나에게 영업이 매력적인 이유는 네 가지로 압축할 수 있다. 첫째, 인풋(input)과 아웃풋(output)이 명확하다. 내가 노력한 만큼 결과를 측정할 수 있다. 마케팅의 경우, SNS를 통해 바이럴 마케팅을 해도 실질적으로 매출이 얼마나 늘었는지는 확인하기가 어렵다. 인스타그램이나 페이스북에 '좋아요' 숫자가 찍히고, 유입되는 사람의 숫자가 늘어나도 그것이 곧 매출과 연결되지는 않는다. 매출과의 연계성을 유추할 뿐이다. 그러나 영업은 다르다. 눈앞에서 바로 숫자를 확인할 수 있다. 사람으로 따지면 에둘러 가거나 애매모호하지 않은, 직설적인 타입이다. 그 점이 나는 마음에 든다.

두 번째는 내가 살아 있는 존재임을 느끼게 해준다는 점이다. 영업은 고도의 심리전이자 전략이다. 가령 협상 과정에서는 내가 만든 이야기로 상대방을 설득할 수 있다. 상대방은 10을 원하는데, 나는 0을 원한다고 하자. 시작은 팽팽하다. 하지만 중간 협의과정을 통해 조율이 시작된다. 이 과정에서 상대방이 내 말에 설득당해 2로 결론이 나면 그때의 쾌감은 이루 말로 표현할 수 없다. 스포츠 경기에서 승리하는 것만큼이나 짜릿하다. 내가 누군가에게 영향력을 미칠 수 있다는 사실을 확인하게 되고, 다시금 나의 존재감을 확인할 수 있기 때문이다.

셋째, 삶의 긴장을 유지시켜준다. 영업은 마감이라는 것이 있다. 월말 마감이 있고, 분기 마감이 있고, 반기 마감이 있고, 연 마감이 있다. 시작과 끝이 분명하다. 결과를 알지 못한 채 1년, 2년 지루하게 늘어지지 않는다. 물론 장기적인 계획도 있다. 그러나 장기적인 목표에 도달하기 위한 작은 목표가 정확하게 세워져 있다. 한 달 동안 열심히 달리다 마감한 뒤 잠시 여유를 맛보고 다시 '으라차 차' 하며 시작할 수 있는 장치가 있어 좋다. 이런 반복은 긴장감과 평온함이 공존케 하며, 생활에 강약을 준다. 마치 늘 멋있게 보일 수 있도록 자극제가 되어주는 연인과 같다고나 할까? 물론 숫자로 평가받기 때문에 거기에서 오는 스트레스도 있다. 그러나 오히려 이런 치열함에서 나는 만족감을 얻는다.

마지막으로 승리 후에 얻는 쾌감이다. 영업에서 승리는 실적이다. 실적이 늘어났다는 것은 소비자가 나의 전략을 수용했다는 의미다. 이는 연예인이 팬을 확보하는 것과 비슷하다. 사람들에게 어떻게 비칠지 몰라도, 개인적으로 영업은 굉장히 보람된 일이다. 그리고 이런 영업의 매력을 더 많은 사람이 알았으면 하는 바람이다.

영업이 곧 경영이다

영업의 중요도를 측정할 수 있는 바로미터는 또 있다. 기업의 CEO 중 30퍼센트 이상이 영업자 출신이라는 점이다. 이는 국내외 할 것 없이 똑같은 현상이다. 스티브 잡스 역시 대중을 사로잡는 뛰어난 프레젠테이션의 달인이자 탁월한 영업맨으로 평가받은 인물이다.

앞에서도 이야기했지만, 영업이 발전하면 곧 경영이 된다. 둘 다 결과를 만들어내야 하기 때문이다. 그리고 우군을 많이 만들어내야 한다. 거래처나 소비자는 물론, 조직과 구성원을 이끌어야 하는 리더이기 때문이다. 또한 계획하고, 실행하고, 검증하면서 멈추지 않고 끊임없이 새로운 일에 도전하는 것도 영업과 경영의 같은 점이다. 다양한 각도에서 문제를 바라봄으로써 실수할 확률을 최소화하고 완벽에 집착하는 것도 영업과 경영의 비슷한 점이다.

영업맨 출신이 CEO로 성장할 수 있는 것은 현장에서 바로 대응할 수 있는 능력이 뛰어나기 때문이다. 거창한 전략은 누구든지 세울 수 있다. 하지만 그것을 이루기 위해서는 발로 뛰어다니는 실행력이 필요하다. 전교에서 1등을 하겠다는 목표는 누구나 세울 수 있다. 목표만 세우는 것이라면 전국, 아니 세계 1등도 할 수 있다. 하지만 그 목표에 다다르기 위해서는 실제 밤을 새워가며 공부하는 실행력이 동반되어야 한다.

물론 영업자가 CEO 자리까지 성장하는 데 한계가 있는 것도 사실이다. 숫자(매출)에 집착하다 보면 나무만 보고 숲을 보지 못할 우려가 있거니와, 최고경영자는 영업 능력 외에 관리(경영) 능력도 있어야 하기 때문이다. 인력 관리는 물론이고 벌어들이는 만큼 새지 않도록 관리하는 능력도 있어야 하는 것이다. 그래서 최근 기업에서는 최고경영자(CEO) 외에 최고인사책임자(CHRO)와 최고재무관리자(CFO)를 두어 인사와 재정을 분리 운영하기도 한다.

영업 출신의 고위 임원이 많아지면서 영업에 대한 인식도 점차 개선되고 있지만, 영업은 여전히 저평가되어 있다. 현재 영업은 회사 임원이 되기 위한 '필요조건' 정도의 수준이다. 나는 더 나아가 회사의 고위 임원이 되기 위해서는 영업이 '필수조건'이라는 수준으로의 인식 전환이 필요하다고 생각한다. 현장을 모르면서 의사결정을 하는 것은 곧 망하는 지름길이라고 믿기 때문이다.

CEO가 영업자 출신이면 적어도 직원들 밥은 굶기지 않는다는 말이 있다. 물론 현장을 잘 알기 때문에 직원 입장에서는 다소 피곤할 수도 있지만, 앞으로는 영업을 통해 커나가는 사람이 CEO가 될 가능성이 점점 커질 것이라고 본다. 영업이란 기업을 유지하는 근간이며, 비즈니스의 핵심이기 때문이다.

가끔 이런 질문을 받을 때가 있다. "자녀에게 영업을 시키겠습니까?" 답은 당연히 "예스!"다. 4,000억 원 자산가인 영국의 전 축구 선수 데이비드 베컴이 17세 아들에게 시급 4,600원짜리 커피숍 아르바이트를 시키는 이유가 무엇이겠는가. 경제 관념을 심어주는 동시에 사람을 대하는 법과 파는 것(영업)의 중요성을 일깨워주기 위해서가 아니었을까.

영업자는 마케터인 동시에 기획자여야 한다. 영업이 곧 생존인 1인 셀러도 마찬가지다. 그리고 CEO는 영업에서부터 시작한다는 것을 잊지 말아야 할 것이다.

영업은 '시스템'이다

2014년 말, 한 종합상사 영업팀에서 일어나는 일을 리얼하게 그린 드라마 〈미생〉의 열풍은 대단했다. 케이블 방송으로는 물론이고 지상파까지 포함해 동시간대 시청률 1위를 기록할 정도로 매회 이슈의 중심에 섰으며, 영업에 대한 인식을 대폭 바꿔준 드라마였다. 그중 '아버지 다시 보기' 신드롬을 불러일으킨 에피소드가 있다. 극 중 이성민이 배역을 맡았던 오상식 과장의 동창생 접대 에피소드다.

모르는 사람을 위해 잠깐 소개하자면, 오상식 과장은 거래처 임원인 고교 동창에게 계약을 따낼 수 있을지도 모른다는 희망을 품고 약속 장소로 나간다. 오랜만에 친구를 만나 기뻐하며 자리에 앉지만, 그 웃음은 금세 사그라지고 반말은 존댓말로 바뀐다. 잔뜩 취한 상태에서도 끝까지 동창을 챙겨 택시에 태우고 "안녕히 가십시오"라며 사라지는 택시를 향해 허리를 90도로 꺾어 혀 꼬부라진 말투로 인사한다. 이 에피소드는 "가장이 밖에서 저 정도로 고생할지 몰랐다", "내 아버지의 뒷모습을 보는 것 같다", "아빠 생각에 콧등이 시큰해졌다" 등의 감상을 남기며 시청자들의 폭발적인 공감을 이끌어냈다.

영업도 수용 범위를 넘어서면 '독(毒)'이 된다

'인(人) 영업'이라는 말이 있다. 사람 영업, 흔히 말하는 접대 영업이다. 우리나라에 오랫동안 뿌리 깊게 박혀 있던 문화이며, 지금도 여전히 진행 중인 영업 방식이다. 논리로 무장하지 못한 영업자들은 담당자의 말도 안 되는 무리한 요구까지 수용하며 친분을 쌓아가는 식으로 영업한다. 룸살롱에서 술 마시던 거래처 사장이 새벽에 불러도 뛰어나가 법인 카드로 결제를 하거나 사무실 이사하는 데 불려 나가 짐을 옮기기도 하고, 휴가 간 운전사를 대신해서 기사 노릇을 하는 일은 치열한 영업 세계에서 다반사다. 영업이 신뢰를 베이스로 사람의 마음을 얻는 일이라고는 하지만, 이런 관계에서는 정상적인 신뢰가 생겨날 수 없다.

사실 수요와 공급의 밸런스가 맞으면 구태여 자발적 을이 되어 '인 영업'을 할 필요가 없다. 인 영업을 하는 이유는 수요와 공급의 원칙이 깨지기 때문이다. 예를 들어 시장에는 A라는 물건이 100개가 필요하다. 그럼 B회사에서는 A를 100개만 납품하면 된다. 하지만 회사에서는 매출과 이익을 얻기 위해 300개를 납품하고자 한다. 그러다 보니 200개의 갭이 생기고, 그걸 메우기 위해 인 영업을 하게 되는 것이다.

한 사람에게만 잘 보이면 끈끈하게 굴러가던 시대도 있었다. 그러나 인 영업의 가장 큰 리스크는 경쟁사가 나타나 회사를 위협하거나 시장 상황이 어려워져 물건이 팔리지 않는 경우가 아니다. 인 영업이라는 말 그대로 담당자가 한순간에 바뀌거나 퇴사할 수 있다는 것이 문제다. 그러면 다시 처음부터 다른 사람을 상대로 인 영업을 시작해야 한다. 실제로 계약을 하기로 약속하고 거액의 뒷돈을 받았던 사람이 계약 일주일 전에 다른 곳으로 발령이 나거나 전직해버린 사례도 있다.

담당자가 한 회사에, 그것도 한 자리에 천년만년 있을 것이라는 보장은 없다. 물론 사람의 관계가 회사를 그만둔다고 해서 단절되는 것은 아니지만, 접대를 바라는 흑심을 품은 사람이 과연 크게 성장할 것인가라는 점도 생각해볼 문제다. 어쨌든 인 영업이 안고 있는 가장 큰 리스크는 아이러니하게도 '사람'으로 귀결된다. 게다가 지금은 기업도 이런 적폐를 충분히 인지하고 있어 사전에 문제를 차단하기 위해 수시로 담당자와 거래처를 변경하기 때문에 더는 인 영업이 설 자리가 없다.

인 영업이 필요 없는 시스템의 구축

해외 선진국에서는 영업맨에 대해 프로의식이 있는 전문가라고 생각하는 경향이 강하다. 그런 나라들은 일과 개인의 삶이 완전히 구분되어 있어 인 영업이 끼어들기 힘든 구조다. 주말도 없이 울려대는 전화를 받기 바쁜 우리 영업맨의 생활과도 상당히 차이가 난다. 유럽이나 일본도 마찬가지로, 합리적인 사유가 있으면 매출을 올리지 못해도 인정이 된다. 예를 들어 불가항력적인 자연재해로 물건 공급이 지연되는 것 등이 합리적인 사유에 해당한다. 그러나 우리나라는 설령 지진이 나도 "무조건 맞춰!"라는 영업 문화가 아직도 남아 있다. 이것은 절대적으로 잘못된 부분이다.

어쨌든 영업맨이 어디선가 누군가에 무슨 일이 생기면 틀림없이 나타나는 홍 반장이 될 필요는 없다. 사람에 정성을 들여야 하는 것은 맞다. 그러나 이것은 어디까지나 대인관계에 있어서 갖춰야 할 인간으로서의 기본 품성이다. 상대를 배려하고 성심을 다해야 하는 것은 영업이 아니라도 어디에서든 적용되는 이야기다. 그걸 굳이 영업에만 빗대어 이야기한다는 것도 어불성설이다.

영업은 시스템이다. 담당자나 거래처가 바뀌어도 유지될 수 있어야 한다. 이런 시스템을 구축하는 것이 바른 영업이다. 바뀌지 않는 것은 제품의 '가치'다. 소비자가 지불해야 하는 비용 이상의 가치를 부여하고, 그것을 통해 상대방이 얻는 이익이 크다는 것을 인식시킬 수 있다면 그것으로 충분하다. 불가능할 것 같지만, 영업을 제대로 안다면 가능한 이야기다.

마케팅을 잘하면
영업도 잘할까?

전 세계 2억 명이 이용하는 숙박 공유 사이트 '에어비앤비'는 인 터넷을 기반으로 성장한 기업이다. 에어비앤비는 영업을 할까, 안 할까? 인터넷 홈페이지가 있고, 입소문을 타면서 현지 숙소에 묵 어보고 싶은 여행자들이 폭발적으로 늘고 있다. 네티즌들에게는 충분히 홍보가 되었을 것이다. 이런 에어비앤비에 영업이 왜 필요 할까? 영업을 모르면 들 수 있는 의문이다. 같은 맥락에서 블로그, 페이스북, 인스타그램 등 SNS 채널과 인터넷 쇼핑몰 등이 많아지 면서 1인 셀러들이 진입할 수 있는 통로가 넓어졌지만, 과연 이들 이 인터넷을 통해 어떤 영업 활동을 할 수 있을까?

영업과 마케팅은 다르다

결론적으로 에어비앤비도 영업을 한다. 새로운 프로젝트를 기획하고, 이를 추진하고 알리기 위해 영업을 한다. 에어비앤비는 2017년 연말 상품인 '프리미엄 렌털 플랫폼'을 내놓았다. 이 상품은 호텔이나 호화 별장 같은 곳을 원하는 사람들을 위해 기획되었고, 이 프로젝트에 어울리는 첨단 기능과 럭셔리 물품이 갖춰진 집을 찾아 공격적으로 영업을 하고 있다. 현지인의 집에 묵어본다는 체험에서 한 발 더 나아간 것이다. 기존과는 다른 상품을 출시하면서 에어비앤비를 경쟁 상대로 여기지 않는다는 호텔들조차 바짝 긴장하고 있는 형편이다.

우리는 종종 영업과 마케팅을 혼동하는 경우가 있다. 마케팅은 쉽게 이야기해서 제품을 왜 사야 하는지, 소비자를 설득할 수 있는 '메시지(언어)'를 만드는 것이다. 가성비가 좋다거나 가격이 저렴하다거나 디자인이 예쁘다거나, 혹은 이걸 사용함으로써 품격이 올라간다거나 하는 이유를 만드는 것이 마케팅의 역할이다. 이렇게 만들어진 메시지는 가만히 둔다고 해서 저절로 퍼트려지는 것이 아니다. 메시지를 가지고 소비자든 유통 관계자든 설득을 해야 한다. 그것이 영업이다. 에어비앤비도 프리미엄 하우스를 렌트하자는 기획(마케팅)을 했고, 그에 맞는 집을 찾아 사람을 설득하는 과정(영업)을 거쳤다. 그리고 에어비앤비의 이런 기획들이 다른 곳에 잘 노출될 수 있도록 영업한다.

세상에는 수많은 제품이 있고, 소비자(혹은 유통 관계자)는 그 제품을 선택해야 할 이유를 찾는다. 마케팅에서 만든 메시지를 가지고 내가 팔려고 하는 제품이 경쟁력을 갖춘 제품으로 비칠 수 있도록 하는 것이 영업사원의 역할이다.

가령 커피 전문점 스타벅스와 이디야가 있다. 다른 수많은 커피 전문점 중 유독 스타벅스와 이디야가 높은 경쟁력을 갖게 된 이유는 무엇일까? 다른 곳은 두 브랜드처럼 명확한 메시지를 전달하지 못했기 때문이다. 스타벅스는 처음부터 '커피가 아닌 문화를 판다'는 브랜딩을 명확하게 했다. 비슷한 메시지를 내세운 카페베네도 의욕적으로 커피 시장에 도전장을 내밀었지만 결국 실패했다. 반면 이디야는 '가격이 저렴한 데 비해 커피가 맛있다'는 메시지를 정했다. 투자 대비 효용이 좋다는 것이다. 이처럼 이디야는 소비자에게 명확한 메시지를 전달했기에 치열한 경쟁에서 살아남을 수 있었다(이디야는 2016년도에 매출 1,560억 원, 이익 150억 원으로 10퍼센트의 이익률을 기록했다).

영업은 가치 교환의 행위다. 돈을 지불하고 가치를 얻는 것이다. 경쟁 포화상태에서는 제품 자체만으로 소비자의 선택을 받기란 쉽지 않다. 사람들은 제품이 가지고 있는 가치가 자신이 지불하는 것보다 높을 때만 지갑을 연다. 소비자가 생각했을 때 제품의 가치가 그것보다 낮다면 구매할 이유가 없다. 만약 모든 제품의 가치가 소비자의 눈높이보다 높으면 물건을 쉽게 팔 수 있겠지만, 그럴 가능성은 크지 않다. 소비자가 생각하는 가치와 제품의 가치가 비슷하거나 혹은 가치가 약간 낮을 때 그것을 극복해내는 것이 바로 영업의 기술인 것이다. 지불하는 가격보다 높은 가치에 대가를 지불할 수 있도록 사람의 마음을 얻는 일, 그것이 영업의 핵심이다.

요약하면 마케팅은 사람들이 설득당할 수 있도록 전략을 만드는 것이고, 영업은 현장에서 사람을 만나 상대의 마음을 움직이는 활동이다. 비슷한 것 같지만 전혀 비슷하지 않다. 이 둘은 하늘과 땅만큼이나 차이가 크다.

돈을 들일 것인가, 말로 할 것인가

제품을 돋보이게 하는 데는 두 가지 방법이 있다. 하나는 광고, 하나는 영업력이다. 돈을 쏟아붓거나 영업을 통해 제품이 잘 노출되도록 해야 한다. 극단적인 이야기지만 네이버 메인 화면의 광고 영역에 제품을 노출하기 위해서는 한 달에 수천만 원을 지불해야 한다. 이걸 과연 모든 기업, 혹은 1인 셀러가 할 수 있을까? 만약

이 자리를 영업력으로 차지할 수 있다면 어떤가? 충분히 가능한 이야기다. 네이버가 받아들일 만한 가치를 전달할 수 있다면 말이다. 이것이 바로 영업력이다. 돈을 쓸 것인가, 말로 할 것인가. 자본이 열악한 1인 셀러라면 답은 간단하다. 당연히 후자를 선택해야 한다.

세상에 수많은 제품이 있듯이 물건을 팔 수 있는 경로도 많다. 하지만 어떻게 노출시켜야 하는지를 사람들은 모른다. 일단 블로그를 개설하고 홈페이지를 만들긴 했지만 소비자가 찾아오지 않는다. 그래서 1인 셀러들은 돈을 쓴다.

하지만 인터넷만 해도 영업 방법은 수백 가지다. 이런 방법을 통해 수많은 통로 중 내 제품이 어디에서 부각될지를 결정하는 것은 영업력이다. 예를 들어 11번가에서 여성 의류를 검색했을 때 어떤 제품이 튀어나오느냐, 제일 쉽게 인지되도록 만드느냐는 영업의 역할이다. 물론 돈을 들여 광고를 할 수도 있지만, 같은 가격의 영화 관람석에도 좋은 자리와 나쁜 자리가 있는 것처럼 광고 영역에서도 분명 좋은 영역과 조금 덜 좋은 영역이 존재한다. 이를 영업의 기술로 어떻게 하느냐에 따라 좋은 자리를 꿰찰 수 있는 것이다. 인터넷상의 거래는 상품을 담당하는 사람과 브랜드 영업사원 간의 영업 활동을 통해서 이루어진다. 영업을 하지 않고 마케팅 언어만 만들어놓으면 제품은 노출되지 않고, 묻혀 있을 수밖에 없다.

이걸 수면으로 끄집어내는 것이 대면을 통해 만들어내는 영업의 결과인 것이다.

영업을 통해 수익을 극대화할 수도 있다. 옥션에 카메라를 한 대 팔면 수수료가 6~7퍼센트다. 그런데 영업을 통해 이 수수료를 2퍼센트로 내릴 수도 있다. 물론 4~5퍼센트가 전부 수익으로 되돌아오는 것은 아니지만, 남는 이익으로 공격적인 가격을 책정한다거나 광고비에 사용하는 등 회사 차원에서 좀 더 탄력적으로 운용이 가능한 것이다.

츠타야 서점의 창업자인 마스다 무네아키는 "돈 버는 사업 따윈 애초에 존재하지 않는다. 돈을 버는 것은 노력의 결과지 원인이 아니다. 사회적으로 의미가 있는 고객 가치를 기획해 그것을 적절한 비용으로 실현했을 때 이익이 남는 법이다"라고 했다.

물건을 팔면서 무작정 "우리 제품이 좋으니 눈에 잘 띄는 데 놓아주세요"라며 떼를 쓸 수는 없는 노릇이다. 공짜로 무언가를 해달라고 할 수 없으니 기획을 해야 한다. 그리고 이 기획은 자신의 머릿속에만 있어서는 곤란하다. 따라서 현장에 있는 영업자라도 직접 기획서를 작성하고, 가끔은 보도자료도 써봐야 성공적인 영업이 가능하다.

판매의 공식, 마케팅 〈 영업

사실 마케팅과 영업을 완전히 별개로 구분하긴 하지만, 둘은 서로 통하는 부분이 있다. 마케팅을 알면 영업을 잘할 수 있고, 영업을 하다 보면 마케팅도 하게 된다. 그런데 여기에 허수가 있다. 영업은 시장을 잘 알고 있기 때문에 마케팅(기획)도 할 수 있다. 제품의 허점이나 잘못된 점, 소비자가 원하는 점을 알고 있기 때문이다. 하지만 마케팅을 잘한다고 해서 영업을 잘할 수 있느냐는 전혀 다른 문제다. 이는 곧 현장을 아느냐, 알지 못하느냐의 문제이기도 하다. 영업은 현장에서만 가능하다. 현장에는 소비자도 있고, 경쟁사도 있고, 시장의 흐름을 가장 빨리 파악할 수 있다. 마케팅도 현장에 나가는 경우가 있지만 영업보다 접점에 있지는 않다. 그런 면에서는 영업이 마케팅을 하면 훨씬 더 잘할 가능성이 높다.

사토 아키라 전 기린맥주 사장은 영업과 마케팅을 오간 흥미로운 이력을 가진 사람이다. 원래 그는 기린에서 '불도저'라고 불릴 정도로 강력한 추진력을 가진 톱클래스 영업사원이었다. 그러다가 경쟁업체인 아사히맥주의 '슈퍼드라이'가 공전의 히트를 기록하면서 발로 개척한 거래처가 순식간에 돌아서는 걸 보고는 '상품력의 중요성'을 깨닫고 자진해서 상품개발팀으로 간다. 그러나 마음만 앞섰던 사토는 상품 개발에 실패하고, 결국 3년 만에 상품개발팀에서 마케팅 부서로 쫓겨나게 된다. 의기소침해 있던 그를 다시 일으켜 세운 것은 뮌헨에서 만난 맥주 장인이었다. "어떻게 하면 맛있는 맥주를 만들 수 있습니까?"라는 사토의 질문에 맥주 장인은 "만드는 게 아니라네. 효모가 살아 있게끔 하는 거지. 어우러져서 빚어내는 거야"라고 말했다. 이 말을 들은 그는 만들어내야 한다는 강박관념에서 벗어나 주위를 관찰하기 시작했다. 사토 아키라는 이렇게 말한다.

"중요한 건 애정을 가지고 시장을 관찰하는 일이다. 내가 일하는 방식은 고객의 불만을 철저하게 듣고, 해결책을 어떻게 상품에 투영할지 고민하는 것이다. 폭넓은 흥미를 가지고 타인의 말을 새겨들으면, 세상이 원하는 포인트를 찾아낼 수 있다."

(이상은 《비즈한국》(2016. 7. 6) 기사 '영업맨 신화 사토 아키라 기린맥주 전 사장'에서 인용, 발췌)

마케터라고 하면 뭔가 샤프하고 창의적이며 해외 출장을 많이 다니는 '차도남', '차도녀'의 이미지인 반면, 영업사원은 왠지 추레하고 굽신거리고 다닐 것 같은 느낌이다. 이런 이미지 때문에 기업에서 3~5년 주기로 순환 배치를 할 때마다 마케팅 쪽은 지원자가 몰리고, 반대로 영업을 지원하는 사람은 그 수의 절반도 되지 않는다. 대학도 마찬가지다. 경영학과에 마케팅 전공은 있어도 영업 전공은 없다. 마케팅 안에 영업 관련 내용을 일부 넣어놓은 게 전부다. 나는 이런 구조가 무척 잘못되었다고 생각한다. 내가 생각하는 마케팅과 영업의 공식은 '마케팅 ＜ 영업'이기 때문이다. 결코 '마케팅 ＝ 영업'이나 '마케팅 ≦ 영업'이라고 생각하지 않는다.

요즘 젊은 층은 편리함을 추구한다. 머리는 움직이되, 몸의 움직임은 더디다. 주변을 돌아보면 아이디어와 기획으로 승부를 보려는 사람으로 넘쳐난다. 그러나 앞으로 중요한 것은 기획자보다 행동하는 플레이어다. 어떻게, 얼마나 열심히 움직이느냐에 따라 원하는 바를 얻을 가능성은 훨씬 커진다.

만만하게 보이는 영업은
수명이 짧다

인생에 실패하고 싶은 사람은 없다. 삶의 기준에 따라 각자 다르겠지만, 모든 사람이 인생에서 성공하고 싶어 한다. 햇볕이 잘 드는 넓고 전망 좋은 집에 살고, 1년에 한 번은 해외여행을 다니며 세상 보는 눈을 넓히고, 트렌드에 뒤처지지 않도록 틈틈이 자기계발을 하고, 남에게 베풀고 기부하는 데도 인색하지 않은 멋진 인생을 살고 싶어 한다. 물론 인생의 성공을 '돈'이라는 잣대로만 평가할 수는 없다. 하지만 현대 사회에서 경제적인 자립 혹은 여유 없이 개인이 바라는 인생을 살 수 있는 방법에 대해서는 이야기하기가 점차 어려워지고 있다. 사회가 발전할수록 돈이 있고 없음으로 해서 이룰 수 있는 것과 없는 것의 차이가 극명하기 때문이다. 이런 삶을 위해 구차하지만 어쩔 수 없이 무조건 머리 숙여가며 영업을 해야 하는 것일까?

'이익'이라는 관점에서 바라보기

나에게는 신조가 하나 있다. '갑일 땐 을처럼, 을일 땐 갑처럼'이다. 많은 사람이 영업을 비굴하게 부탁하는 것이라고 생각하지만, 나는 영업을 '이익'의 관점에서 바라본다. 상대방에게 이익이 된다면 부탁하지 않아도 된다. 오히려 갑이 될 수도 있다. 이익이 되는 부분을 어필하지 못하기 때문에 부탁을 하게 되는 것이다.

영업에서 B2B(Business to Business, 기업 간 전자상거래)와 B2C(Business to Consumer, 기업-소비자 간 거래)는 구조적으로 다르다. B2C 영업에서는 소비자가 직접 구매 결정을 내리지만, B2B 영업에서는 내가 상대하는 사람과 의사결정을 하는 사람이 다른 경우가 많다. 내가 구매팀장과 대화를 나누더라도 구매 결정을 내리는 사람은 대부분 그 윗사람이다. 따라서 영업자는 구매팀장과 커뮤니케이션을 할 때 그 사람에게 내가 파는 제품을 선택할 수 있는 명분을 줘야 한다.

예를 들어 프린터를 판다고 치자. 다른 회사 프린터를 사용하면

토너 값이 100원이 드는데 우리 회사 프린터를 사용하면 50원밖에 들지 않는다거나, 다른 회사 프린터로 100장을 프린트하는 데는 20분이 걸리지만 우리 회사 프린터로 인쇄하면 5분밖에 걸리지 않는다는 식으로 비용 혹은 시간 절약이 가능하다는 논리를 만들어줘야 한다. 그래야 구매팀장도 윗사람을 설득할 수 있다. 논리가 있으면 논리로 설득하면 되지만, 논리를 갖추지 못하면 "이것 좀 받아주세요"라고 부탁을 하게 되는 것이다.

부드러움과 강단의 미묘한 차이

또 하나, 영업에서는 결코 만만하게 보여서는 안 된다. 만만하게 보이는 영업맨의 수명은 짧을 수밖에 없다. 힘의 줄다리기에서 계속 밀리기 때문이다. 영업은 끊임없는 협상의 연속이다. 그러다 보면 '밀당'을 해야 할 때도 있고, 격렬하게 싸워야 할 때도 있다. 그런데 상대방이 나를 만만하게 보는 순간, 영업은 질 수밖에 없다.

예를 들어 마진율 인상에 대해 협상을 한다고 치자. 적정한 마진율 인상은 5퍼센트다. 그런데 상대방은 5퍼센트가 정상이라고 생각하면서도 일단 10퍼센트를 던진다. '잘되면 좋고, 안 되면 말고'라는 식이다. 하지만 영업자가 만만한 사람이 아니면 함부로 10퍼센트라는 말을 꺼내지 못할 것이다. 상대방이 어떻게 나올지 알고 있기 때문이다. 그러므로 본래 자신이 생각하고 있던 5퍼센트 선에서 말을 꺼낼 수밖에 없다. 그러면 합리적인 선에서 정상적인 협의를 거칠 수 있다. 그런데 상대방이 만만하면 일단 10퍼센트부터 던지고 본다.

일반인들에게는 별것 아닐지 몰라도 영업에서 1퍼센트는 대단히 큰 숫자다. 그리고 협상의 시작을 10퍼센트에서 하는 것과 5퍼센트에서 하는 것은 하늘과 땅 차이다. 10퍼센트에서 시작하면 5~6퍼센트 선에서 결론이 날 확률이 높지만(때론 10퍼센트를 수용할 수도 있다), 5~6퍼센트부터 시작하면 2~3퍼센트로 마진율을 조정할 수도 있다. 결론적으로 기 싸움에서 밀리느냐 밀리지 않느냐로 최대 8퍼센트의 이익률이 왔다 갔다 하는 것이다. 1퍼센트도 큰 영업 세계에서 8퍼센트라는 숫자의 크기를 가늠할 수 있다면 왜 물러터진 영업자의 영업 수명이 짧아지는지 구구절절 설명할 필요가 없을 것이다.

IMF 외환위기가 발생한 해인 1997년의 일이다. 지하철을 타고 출근하는 길에 신문 1면에 실린 '해태그룹 부도'라는 기사를 읽었다(인켈은 1994년 해태전자에 인수되었다). 결혼한 지 4개월밖에 안 된 때였고, 회사에서는 일언반구 말이 없었기 때문에 그 뉴스는 충격적일 수밖에 없었다. 이후 해태그룹은 계열사 등을 매각하면서 수

년간 망하지 않고 운영을 지속했지만, 그때 받은 배신감은 이루 말할 수 없을 정도였다.

당시 해태그룹에서는 진급하려면 시험을 봐야 했는데, 사원이었던 나는 진급 시험을 일부러 보지 않았다. 회사가 해준 게 뭐가 있다고 시험까지, 그것도 주말에 불러내서 시험을 보게 하느냐는 나나름의 합리적인 오기 때문이었다. 게다가 20대 후반의 혈기왕성한 시절이었다. 월요일에 출근하자마자 파트장의 호출이 떨어졌다. 그는 왜 시험을 보지 않았냐며 다그쳤다. 나는 내 생각을 있는 그대로 이야기했다. 파트장은 내가 회사에 꼭 필요한 존재라고 생각했던 것 같다. 이야기를 들은 파트장은 경영관리 임원을 찾아가서 회사가 이런 인재를 그냥 둬서는 안 된다, 놓치면 손해라고 설득했고, 나는 그 당시 해태그룹 내에서 시험을 보지 않고 대리로 진급한 첫 사례로 남게 되었다.

물론 예외가 항상 좋은 것은 아니다. 공정하게 노력하고 시험을 치른 동기나 내가 시험을 치르지도 않은 채 진급하게 되면서 탈락했을 그 누군가에게는 지금도 마음의 빚이 있는 것이 사실이다. 그러나 대처하는 방식은 바뀌었으나 지금도 불의에 대해서는 분노할 줄 알아야 한다는 생각에는 변함이 없다.

'똘아이'가 사회에서 살아남는 법

만만한 영업자가 되어서는 안 된다는 점을 뒷받침해주는 다른 케이스도 있다. 자랑은 아니지만, 나에게는 '쌈닭'이라는 별명이 있다. 과거 하이마트를 담당할 때다. 당시 하이마트는 유통계의 '울트라 갑'으로 총 280개의 매장이 있었다. 각 매장에는 소니 담당자로 내 이름과 휴대폰 번호가 모두 붙어 있었다. 소니 제품과 관련해 문제가 생기면 280군데의 매장이 내게로 전화를 하는 것이다.

어느 날 한 매장에서 판매사원이 주말에 연락을 했다(영업사원은 쉬어도 매장은 일한다). 가족들과 식사 중이라 정중하게 "오늘은 근무를 하지 않으니 월요일에 가서 해결해드리겠습니다"라고 했다. 그랬더니 갑자기 "그럼 어쩌라고!"라고 반말을 내뱉으며 화를 내기 시작했다. 이건 기 싸움과는 별개로 예의 문제였다. 나는 그 즉시 "당장 지점장 바꿔! 어디 브랜드 영업과장에게 판매사원이 반말을 해!"라고 화를 냈다.

판매사원은 당장 꼬리를 내렸지만, 나는 그것으로 끝낼 생각이 전혀 없었다. 당장 다음 날 아침에 하이마트 매장 지점장과 본사 담당에게 전화를 했다. 상황을 설명하고, 이건 하이마트에서 교육을 잘못해서 발생한 일이니 해당 직원을 포함한 모든 판매사원 교육을 다시 해달라고 부탁했다. 만약 그 지점장과 본사 담당이 평소에 나를 만만히 보았다면 전혀 먹히지 않을 요구였을 뿐만 아니라 "당신이나 제대로 하라"는 타박을 들을 법한 일이었다. 하지만 그 지점장과 본사 담당은 내 말을 수용하고, 직원들에게 앞으로 다시는 이런 일이 발생하지 않도록 주의하라는 전문을 돌렸다.

같은 맥락에서 이 이야기는 내부 영업에도 적용된다. 영업이 꼭 외부에만 해당하는 것은 아니다. 회사 내부에서도 영업 활동은 필요하다. 특히 큰 조직일수록 서로 어떤 일을 하는지 잘 모르는 경우가 많으므로, 억지가 아니라 자신의 관점에서 옳다고 생각되는 일은 강하게 관철시킬 필요도 있다. 적어도 '쟤는 잘못 건드리면 안 돼'라는 인식을 심어놓을 수 있도록 말이다.

"말은 부드럽게 하라. 그러나 큰 몽둥이 하나는 갖고 다녀라."

미국의 26대 대통령 시어도어 루스벨트의 말이다. 일부러 전략적으로 행동을 취할 필요는 없지만, 평소 상대방이 나를 만만하게 보지 않도록 어느 시점에서는 강단 있는 모습을 보여주어야 한다. 이는 착한 것과는 전혀 별개의 문제다.

영업을 하다 보면 수용 가능한 범위가 있고, 그 범주를 넘어서는 경우가 있다. 이런 부당함 앞에서는 단호하게 거절할 수 있는 배짱과 용기가 있어야 한다. 무조건 예스를 남발하고, 불합리한 요구를 모두 수용하다 보면 결국 자신에게 독이 되어 돌아온다. 영업이 힘을 잃는 것이다. 힘을 잃으면 끌려갈 수밖에 없다. 상대방의 기에 눌려서는 제대로 된 영업맨으로 성장하기 어렵다. 한번 쉽게 보인 영업자는 그다음에도 똑같은 대접을 받게 마련이다. 이는 영업자에게 치명적인 일이다. 때론 '똘아이'라고 여겨질 정도로 격하게 싸워도 된다. 영업은 갑을 관계가 아니라 '기브 앤드 테이크(give & take)'의 관계이기 때문이다. 줄 건 주고, 받을 건 확실히 받으면 된다. 그게 매출이 되었든 대우가 되었든 말이다.

영업이야말로
진정한 휴머니즘이다

기업에 인공지능 임원이 등장했다. 생명과학, 암 연구, 노화에 따른 질병, 재생의학 분야에 투자하는 홍콩의 투자 금융회사 딥날리지벤처스는 '바이털(VITAL)'이라고 불리는 인공지능 알고리즘을 이사로 임명했다. 인공지능은 인간과 달리 감정이 개입하지 않는다. 프로그래밍에 따라 철저하게 이익만을 따질 뿐이다. 따라서 인공지능은 데이터와 과거 경험을 바탕으로 쉽고 빠르게 결정을 내린다. 앞으로 인공지능이 인간을 대신해 기업의 감사를 할 수 있을 것인가라는 질문에 75퍼센트가 '예스'라고 답했다.

IT 기업 아마존이 오프라인 매장을 넘보는 이유는?

2016년 12월, 세상은 무인 시스템 마트 '아마존 고(GO)'의 등장으로 한바탕 떠들썩했다. 수만 명의 일자리가 곧 사라질 것처럼 야단법석이었다. 아마존 고는 시범적으로 직원들만 사용할 수 있도록 했고, 1년여가 지난 지금 아마존 고가 전 세계적으로 매장을 늘리고 있다는 소식은 어디에서도 접할 수 없다. 대신 2017년 6월 아마존이 15조 5,000억 원을 들여 유기농 슈퍼마켓 체인 홀푸드를 인수하며 450개의 오프라인 매장을 확보했다는 소식이 대대적으로 들려왔다. 아마존은 사람들이 책은 오프라인 서점에서 사야 한다고 굳게 믿고 있을 때, 인터넷에서 판매를 시작하며 세계적으로 성장한 IT 기업이다. 이런 아마존이 인터넷이라는 공간을 두고 왜 자꾸 오프라인 진출을 꾀하는 것일까?

처음 온라인 쇼핑이 개발되면서 많은 이들은 조만간 오프라인 상점은 사라질지도 모른다고 했다. 상점은 유령도시처럼 텅 빌 것이고, 사람들은 집안에서 클릭 한 번으로 편안하게 쇼핑할 것이라고 말이다. 그러나 여전히 사람들은 눈으로 직접 보고, 손으로 만져보며 물건(특히 식자재)을 사길 원한다.

혼밥과 혼술이 유행하고, 제대로 된 친구 하나 갖지 못한 사람이 많지만, 대신 수많은 북토크, 모임, 콘서트, 낭독회 등으로 사람들이 몰리는 데는 분명 이유가 있다. 무조건 편의성만을 따지지는 않는 것이다. 물론 인건비가 상승함에 따라 무인으로 대체하는 가게가 늘고 있지만, 모든 것이 100퍼센트 무인으로 바뀌기는 어렵다.

페이스북 60만 명, 카카오톡 15만 명의 팔로어를 거느리고 있는 IT 기업 '열정에 기름붓기'는 연남동에 무인 서점을 오픈하고 운영 중이다. 사람을 모아서 커뮤니티를 형성하고 소비자와 접점을 마련하기 위한 방편으로 삼고 있는 것이다. 그 이유를 묻는 질문에 이재선 대표는 "페이스북이 사라지면 열정에 기름붓기도 사라질 수밖에 없다. 75만 명의 얼굴도 모르는 팔로어가 아니라 100명이라도 충성 고객을 만들어둘 필요가 있다"고 했다.

아마존이 오프라인을 넘보는 이유도 마찬가지다. 결국은 소비자가 모여야 생태계가 조성되고, 생태계가 조성되어야 물건도 팔 수 있다. 소비자가 온라인에 모여 있을 때는 숫자로밖에 볼 수 없다. 거기에는 체험이나 공감이라는 감성은 전혀 없다. 더 편하고, 더 나은 온라인 기업이 생기면 소비자들은 언제든지 떠날 수 있다. 그러나 직접 소비자와 대면하면 문제는 달라진다. 최근 백화점이 푸드코트에 투자하고, 유명 맛집을 끌어들이려고 하는 것도 어떻게 하면 소비자를 백화점이라는 공간에 더 오래 머물게 할 것인가라는 고육지책에서 나온 방안이다.

무인 마트 아마존 고가 여전히 지점을 내지 않는 것은 시스템의 문제가 아닐 것이다. 문제는 '무인(無人)', 말 그대로 사람이 없다는 점이다. 형식은 오프라인이지만, 진정한 오프라인 매장으로서 역할을 하지 못하기 때문이다. 무인 마트에서는 물건을 사면서 그 제품에 대한 궁금증 혹은 '가치'를 물어보고 싶어도 대답해줄 사람이 없다. 지금도 대형 마트에 가면 사람이 계산하는 곳과 무인 계산대가 있다. 하지만 대부분의 소비자들은 비록 줄을 설지라도 캐셔가 있는 곳에서 계산한다. 무인 계산기 사용법이 친절하게 설명되어 있음에도 간혹 우왕좌왕하는 소비자들과 그 옆에서 직원이 다시 설명을 하며 계산하는 광경을 쉽게 목격할 수 있다.

세상이 점점 더 디지털화될수록 아날로그에 대한 향수가 더욱 짙어지는 것처럼, 기계가 세상을 잠식해나갈 때 사람들은 오히려 더 사람을 그리워한다. 그리고 기업에는 이제 제품을 판매하는 데 있어서 '소비자와 어떻게 접촉할 것인가'가 최우선 과제가 된다. 영업의 종말을 예상하던 전문가들이 다시 영업의 중요성에 대해 이야기하고 있다. 영업이야말로 소비자와 만날 수 있는 유일한 창구이기 때문이다.

영업의 무한 잠재력

미래에는 지금 인간이 하고 있는 다양한 일을 인공지능이 대체할 것이다. 옥스퍼드대학교 마틴 스쿨의 연구 결과에 따르면 앞으로 10~20년 사이에 2010년 미국에 존재한 직업군 가운데 많게는 47퍼센트까지가 자동화될 것이라고 한다. 텔레마케터(0.99), 세무 대리인(0.99), 보험 조정인(0.98), 법률 비서(0.98), 부동산 중개업자(0.97) 등은 고위험 직업군에 속한다(0을 기준으로). 그 대신 세일즈 매니저(0.0013), 전문 경영인(0.015), 내·외과 의사(0.00042) 등은 저위험 직업군에 이름을 올렸다. 이외에 헤어드레서, 마사지사도 저위험군에 뽑혔다.

텔레마케터, 세무 대리인, 부동산 중개업자, 회계 책임자 등은 이해관계가 명확한 분야로 감정이 개입될 가능성이 상당히 낮지만, 영업은 그와 반대다. 영업은 사람과 사람 간의 유대감을 통해서 체험과 접촉으로 이루어지므로 감정의 교류 없이는 힘든 분야다. 지금도 안마의자가 마사지를 하지만 사람 손맛보다 못하고, 의사 대신 인공지능이 질병을 진단하지만 환자를 위로하지는 못한다. 감성 로봇이 나온다지만, 사람의 죽 끓듯 하는 변덕을 과연 맞출 수 있을까? 사람은 감정의 동물이다. 변덕도 심하고, 마음의 움직임을 잡아내기가 쉽지 않다. 그런데 물건은 넘쳐난다. 기계가 찍어내는 물건은 지금보다 더 많아지면 많아졌지 줄어들지는 않을 것이다.

한국을 방문한 게르하르트 슈뢰더 전 독일 총리는 "정치란 사람을 이해하고, 사람과 소통하고, 그들을 감지할 수 있어야 한다"고 했다. 이 말대로라면 영업은 정치와 닮았다. 영업은 사람의 마음을 얻는 일이다. 사람을 믿기 때문에 물건을 산다는 말이 아니다. 영업을 하다 보면 넘어야 하는 산이 많다. 신뢰가 있으면 쉽게 넘을 수 있지만, 그 반대라면 산을 넘는 것이 무척 힘들다. 상대를 믿지 못하면서 의사결정을 하는 것과 상대를 믿고서 내리는 결정은 그 결과가 다르기 때문이다. 그래서 영업은 사람의 마음을 얻는 일이라고 하는 것이다. 터미네이터가 현실화될 것이라는 이야기가 오가는 세상에서 영업맨이 진정한 휴머니스트로 남을 수밖에 없는 이유이기도 하다.

영업 마인드부터 배워라

우리나라 창업 기업의 2년 생존율은 47.5퍼센트로 절반에도 채 못 미친다(2015년 기준, 통계청). 더욱이 3년 뒤에는 41퍼센트, 5년 뒤에는 27.3퍼센트로 생존율이 뚝 떨어진다. 10명 중 3명도 살아남지 못하는 셈이다. 외식업은 더욱 심각하다. 5년 이내 생존율이 평균에도 한참 못 미치는 10퍼센트대다. 10명 중 단 1명만 성공한다는 이야기다. 이 데이터가 보여주는 것은 아무리 아이디어가 뛰어나고, 자본이 충분해도 영업력이 없으면 실패의 요인이 된다는 것이다.

'이란 아토즈'라고 하는 이란어 통·번역 회사가 있다. 이 회사를 세운 정제희 대표는 중동이 좋아서 한국외국어대학교 이란어과에 들어갔지만, 이란어과 학생들조차 이란어를 무시하는 분위기에 휩쓸려 학업을 멀리했다. 졸업 후 취직을 했지만 자신의 적성과 맞지 않는다는 것을 깨달은 그녀는 3개월 만에 회사를 그만두고 만다. 그리고 자신이 무엇을 좋아하는지 고민한 결과 그녀가 그동안 질리지 않고 계속 좋아했던 것은 중동과 이란어였다는 것을 알게 된다. 이 분야에 롤모델이 없다면 자신이 이란어로 성공해 롤모델이 되기로 작정하고, 무작정 이란으로 날아가 5년 동안 현지인처럼 살았다. 한국으로 귀국한 뒤 그녀는 돈이 되지 않는 일까지 맡으며 자신을 알리는 데 열중했다. 그리고 지금 그녀는 불모지나 다름없던 이란어 통·번역 시장에 뛰어들어 창업 1년 만에 가파른 성장세를 이어가고 있다.

열정을 가지고 열심히 사는 사람은 많다. 그러나 누구는 성공하고, 누구는 실패한다. 무엇이 문제일까? 자본인가, 아이디어인가, 열정의 크기인가. 내가 이란 아토즈에서 주목하는 것은 '자신을 알리기 위해 돈이 되지 않는 일까지 맡으며'다. 나를 알리는 것, 구체적으로 말하면 나의 가치를 알리는 것. 이것이 바로 영업이다.

그러나 아무 데나 돌아다니거나 무조건 들이민다고 해서 영업 실적이 생기는 것은 아니다. 하루에도 몇 번씩 보험을 들라는 전화를 받지만, "안녕하세요, 고객님"이라는 말을 듣자마자 전화를 끊어버리는 이유는 무엇인가. 그 사람은 나의 사정을 모른다. 내 재정 상태를 모르고, 내 걱정거리가 무엇인지 알지 못하며, 내게 어떤 보험이 필요한지 전혀 헤아리지 못한 채 그저 전화만 돌린다. 만약 나의 모든 상황을 알고, 내 걱정거리에 맞는 보험을 제시한다면 안 들 이유도 없다. 안고 있는 걱정이 무엇인지에 따라 때로는 부담이 되어도 들 수 있고, 아무리 월정액이 저렴해도 내게 필요 없으면 들 이유가 없다. 결국 영업하는 사람이 어떤 '가치'를 만들어내고 소비자와 어떻게 '공감'하느냐, 그리고 문제를 어떻게 '해결'하느냐, 이것이 영업의 가장 핵심적인 포인트다.

엔지니어 마인드 vs. 영업 마인드

스티브 잡스는 "제품 자체가 가장 중요한 마케팅"이라고 했다. 맞는 말이다. 그러나 세상에는 성능이 좋으면서 디자인도 뛰어나고, 가격이 싸면서 수명도 오래가는 완벽한 제품이란 없다. 아무리 성능이 뛰어난 제품도 가격이 비싸거나 디자인이 별로라거나 하는 식으로 저마다의 단점을 가지고 있다. 아이폰 또한 약점이 있다. 사람들은 이 약점을 알면서도 아이폰의 가치를 인정하기에 비싼 값을 치르고 산다.

많은 회사의 CEO가 "나는 따로 영업을 한 적이 없다. 그저 좋은 제품을 만들었을 뿐이다"라고 말한다. 이 말은 영업을 하지 않았다는 말이 아니다. 실제로 애플이 얼마나 많은 광고를 하는지 생각해보면 알 수 있다. 성공한 기업은 누구보다 열심히 영업을 통해 자사의 제품을 홍보한다. 성공 창업기를 보면 먼 거리를 마다하지 않고 찾아가 제품을 설명했다, 밤낮 구분 없이 물건을 팔았다는 구절이 반드시 나온다. 제품을 개발해놓고 가만히 앉아 있는 사람은 없다. 제품을 소개하고, 보여준다. 만약 제품을 개발한 뒤 가지고만 있으면 그것은 장식용으로도 쓸모가 없다. 그런데 세상에는 의외로 이런 '엔지니어 마인드'를 가진 사람이 많다. 엔지니어들은 본인이 제품을 잘 만들면 저절로 소비자가 따라올 것이라고 생각한다. 물건이 잘못되면 버그를 잡는다고 생각하지, 왜 시장에서 팔리지 않는지 분석할 생각은 못 하는 것이다.

과거에 한창 잘나가던 소니의 TV도 엔지니어 마인드로 쇠퇴한 경우다. 1926년 일본의 공학자인 다카야나기 겐지로가 세계 최초로 브라운관을 이용한 TV를 발표한 뒤, TV 시장에는 소니밖에 없다고 할 정도로 그 명성은 대단했다. 하지만 지금 세계 TV 시장의

1위는 삼성이다. 삼성전자는 소니가 TV로 전 세계를 휘어잡고 있던 2006년, 와인잔을 형상화한 보르도 LCD TV를 출시했다. 그리고 이를 시작으로 소니를 제치고 시장점유율 1위로 올라섰다.

당시 소니 내부에는 '소니 제일주의'가 팽배해 있었다. 실제로 소비자들은 삼성과 소니 TV를 비교할 때 소니의 화질이 월등히 좋다는 사실을 인정했었다. 하지만 소비자들의 구매 포인트가 100퍼센트 화질은 아니다. 가격, 디자인, 편의성 등 여러 가지를 비교해 따진다. 그런데 소니는 경쟁사들의 TV를 늘어놓고 비교하면서 우리 것이 화질이 가장 뛰어나므로 우리 것이 최고라는 엔지니어 시각만으로 접근한 것이다. 소니가 자기만족에 빠져 있을 때 삼성은 디자인으로 승부수를 띄웠고, 결과는 소니의 완패였다. 현재 소니는 TV 사업부를 자회사화한 상태다.

성공을 낚시하는 법

1인 셀러 시대라고 하지만 세상은 그렇게 호락호락하지 않다. SNS의 발달이 가져다준 기회의 균등과 통로의 확대가 반드시 성공을 담보하지는 않는 것이다. 자본이 있어도 아이디어가 없으면 망하고, 아이디어가 있어도 영업 마인드가 없으면 실패할 수밖에 없다. 창업은 결국 영업 활동으로 귀결되기 때문이다.

제품을 판매할 때는 소비자에게 어떤 가치와 재미를 부여할 것인가, 정확하게 누구를 대상으로 할 것인가에 대한 고민을 끊임없이 해야 한다. 그리고 고민에서 도출된 결과를 현장에서 직접 실행에 옮겨야 한다. 아울러 그 과정에서 인격적으로 정직해야 살아남을 수 있는 것이 영업이다.

식상한 비유지만, 유대교 경전《탈무드》에서 아이를 제대로 키우고 싶으면 물고기를 잡아주지 말고 낚시하는 방법을 알려주라고 했다. 영업이 바로 성공을 낚시하는 방법이다. 외국의 부자들이 귀하디귀한 자녀들에게 아르바이트를 시키는 이유도 결국은 사회생활을 경험함으로써 세상을 살아가는 데 필요한 영업 마인드를 익히게 해주기 위해서다. 이처럼 영업도 교육과 훈련이 필요하다. 이왕이면 잘못 배운 '짝퉁' 영업이 아니라 제대로 잘 배운 '명품' 영업 전략을 발휘하기 바란다. 그리고 영업이 꽤, 해볼 만한 매력적인 직업이라는 것도 느끼길 진심으로 바란다.

태어나면서부터 영업 마인드가
있는 사람은 없다.
분명한 것은 누구나 영업이 필요한 시대가
이미 왔다는 것이다.
결국 성공의 크기는 열정의 크기이며,
열정은 곧 영업 활동으로도 연결된다.

3장

영업력,
누구에게나 있다

영업 본능을 깨워라

세 부족이 있었다. 경쟁하기 좋아하던 부족은 경쟁만 하다 모두 죽었다. 서로 좋은 것을 차지하기 위해 경쟁하다 결국 한 명만 남게 되었고, 그 한 명은 경쟁 없이 사는 법을 몰랐기 때문에 죽었다. 혼자 살기 좋아하는 부족은 남이 어떻게 되든 신경 쓰지 않고 자신만 보살폈다. 극단적인 개인주의로 일관하던 부족은 위험이나 재난이 닥쳤을 때 아무도 경고해주지 않아 결국 몰살당했다. 나머지 한 부족은 집단을 이뤄 서로 도우며 살았다. 함께 모여 즐겁게 살던 이 부족은 오래도록 살아남아 크게 번성했다.

인간은 사회적 동물임을 가르쳐주는 세 부족 이야기다.

모두가 가지고 태어나는 영업 본능

"영업을 하느니 차라리 굶는 편이 낫겠어요."

"제 인생에 영업이란 없습니다."

"대인기피증이 있어요. 사람 만나는 것이 싫습니다."

경쟁에 치이고, 기계에 익숙해진 사람들은 이제 혼자가 편하다. 혼밥·혼술이 유행하고, 심지어 혼행(혼자 여행)도 유행이다. 하지만 철저하게 혼자가 되는 순간, 사람은 우울해지고 병들어간다. 세 부족의 이야기를 통해 알 수 있듯이 인간은 교류를 통해 서로 자극하고 자극받으며 성장하고 발전해나가는 사회적 동물이다. 영업맨 출신으로 맥주·음료업계의 미다스 손으로 불린 전 기린맥주 사장 사토 아키라는 "사람은 결코 혼자 힘만으로는 성장할 수 없다"고 했다. 그래서 그는 날마다 사람을 만나며 자극을 받고, 그것이 그가 활기차게 생활할 수 있는 이유라고 말한다.

인간은 혼자서는 살 수 없다. 그리고 타인과의 관계를 통해 발전해나간다. 혼밥이나 혼술도 진심으로 '혼자가 좋아서'라기보다는 저성장 시대에 생겨난 자연스러운 현상일 뿐이다. 오래전부터 유난히 사람들과 어울리기 좋아하고 같이 먹는 것이 일상화된 우리나라 사람들이 지금까지 보지 못한 모습에 충격을 받고 호들갑을 떠는 것뿐이다. 물론 혼자만의 시간을 통해 위안받고 에너지를 충전하는 등 긍정적으로 활용하는 사람도 많다. 요점은 '혼자가 편해'라고 스스로 핑곗거리를 대며 히키코모리처럼 틀어박힌 채 밖으로 나올 줄 모르는 사람들이다.

사회적 동물이란 타인과 관계를 맺으며 살아간다는 의미다. 누군가와 관계를 맺는다는 것은 결국 폭넓은 의미의 영업 활동이다. 태어날 때부터 다른 사람들과 뒤섞여 살도록 설계된 인간은 영업이라는 '본능'을 가지고 태어난다. 이런 본능은 자라나는 환경에 따라 자극을 받아 빛을 발하기도 하고, 완전히 묻혀버리는 경우도 있다. 성공한 이들 가운데 철저하게 혼자인 사람은 없다. 외향적이든 내향적이든 다양한 사람들과 부대끼며 함께 살아간다. 성격과 상관없이 결국은 환경과 열정의 문제인 것이다.

영업이란 하지 않으면 굶어죽는다든지, 이걸 해내지 못하면 낙오자가 될 것이라는 절박함, 혹은 꼭 해내야 한다는 사명감과는 별개의 문제다. 앞서도 말했듯 인생 자체가 영업이기 때문이다. 과거 동네 사람들끼리 서로 힘든 일을 도와주던 두레나 품앗이도 결국은 서로의 영업 활동이며, 인간이 삶을 영위하기 위해 행하는 활동(영업)은 정당한 것이다.

"저는 영업이 싫어요"라고 말하는 사람도 실제는 영업 활동을 하고 있다. 사람을 만나고, 그들과 좋은 관계를 맺기 위해 노력한다. 단지 자신이 하는 활동 자체를 영업이라고 인식하지 못한 채,

그 폭이 매우 한정적이거나 좀 더 전략적으로 활동하지 않을 따름이다.

문제는 누구나 영업이라는 본능을 가지고 태어나긴 하지만 모두 영업 마인드를 발휘하는 것은 아니라는 것이다. 후천적으로 본능이 억눌려 있든, 개발이 되지 못했든 그것을 살려내는 것은 개개인의 선택 문제다. 그러므로 '어떻게' 영업을 해야 하느냐를 묻기 전에 내가 '왜' 영업을 해야 하는지를 먼저 물어야 한다. 간혹 "전 정말 영업을 할 줄 몰라요"라던 사람이 우연히 영업에 뛰어들어 천부적인 기질을 발휘하는 것처럼 말이다.

혼자서도 충분히 이 세상을 살아나갈 수 있다면 굳이 나서서 타인과 관계를 맺을 필요는 없다. 그러나 내가 성공적으로 무언가를 하고 싶고, 그걸 통해 개인적으로 성취를 얻고자 한다면 내가 '왜' 사람들과 관계를 맺어야 하는가를 먼저 물어야 한다. 왜 해야 하는지가 명확하다면 방법은 그 이후의 문제다. '왜' 해야 하는지에 대한 명확한 신념이 없다면 아무리 좋은 방법론도 효과를 발휘하기가 어렵기 때문이다.

빌이 영업왕이 될 수 있었던 비결

　다음은 오래된 이야기다. 소비재를 파는 미국 왓킨스사의 빌 포터는 선천적 뇌성마비로 왼손의 엄지와 검지밖에 사용할 수 없는 중증 장애를 앓고 있었다. 그러나 빌 포터의 어머니는 그가 어릴 때부터 장애인 학교 대신 일반 학교에 보냈고, "넌 단지 몸이 조금 불편할 뿐 다른 사람과 다를 것이 없다", "원하면 무엇이든 될 수 있다"고 격려하며 키웠다. 성인이 되어 직업을 구하던 빌 포터는 매번 면접에서 떨어지고, 왓킨스사에서도 거절당했다.

　이때 그는 한 가지 제안을 한다. 월급은 필요 없으니 세일즈 활동이 어려운 곳에 자신을 보내달라고 요청한 것이다. 회사 입장에서도 리스크가 없는 것은 아니었다. '영업＝회사 이미지'이기 때문이다. 그러나 무보수에 영업이 제일 어려운 곳으로 발령을 내달라는 그의 제안에 고민을 하다 빌 포터를 채용하기로 결정했다.

　빌 포터는 매일 아침 같은 시각에 시작해 하루 15킬로미터를 걸으며 100곳의 가정을 방문했다. 그리고 번번이 장애인이라는 이유로 거절당했다. 그렇게 수개월 동안 그의 실적은 '0'원이었다. 하지만 그는 결코 좌절하지 않았고, 동정은 더더욱 사양했다. 그는 거절을 '더 좋은 상품으로 다시 와달라는 신호'로 받아들였다. 그리고 몇 달 후, 그의 성실함은 실적으로 되돌아왔다. 그의 진정성을 알아챈 사람들이 하나둘 늘어간 것이다. 눈이 오나 비가 오나 무거운 가방을 들고 15킬로미터가 넘는 길을 걸었던 그는 영업을 시작한 지 24년 만에 '올해의 영업왕'으로 뽑힌다. 이처럼 스스로 성공의 가능성에 제한을 두지 않고, 절대로 자신을 한계에 가두지 않았던 그가 던지는 메시지는 '인내'다.

혹시라도 빌 포터가 장애인이었기에 선택할 수 있는 일이 영업 뿐이었을 거라고 생각하는 사람이 없기를 바란다. 눈과 귀가 들리지 않았던 헬렌 켈러나 루게릭병을 극복한 물리학자 스티븐 호킹, 시각장애인으로 세계적인 가수가 된 스티비 원더 등은 자신이 가진 한계를 장애로 보지 않았다. 천재였기 때문에 장애를 극복한 것도 아니다. 핵심은 그들이 품은 열정의 크기, 혹은 신념이다. 그리고 그 신념을 좋은 방향으로 발전시킨 것이다.

영업의 전설로 남은 빌 포터는 이렇게 말한다.

"인생에서 멈춤이란 없다. 앞으로든 뒤로든 계속 나아가야 한다."

삼진아웃을 감수해야
홈런을 친다

유니클로 창업자인 야나이 회장이 2003년 직원 교육용으로 쓴 자서전이 있다. 이 책의 제목은 《1승 9패》다. 아홉 번을 실패하더라도 한 번만 승리하면 된다는 의미다. 실제로 야나이 회장은 수많은 실패를 경험한 뒤 유니클로를 창립했으며, 심지어 패션 시장에서 신화를 만들어낸 유니클로조차 처음 영국과 중국에 진출할 때는 수많은 난관을 겪었다. 그러나 그는 자신의 실패를 실패로 두지 않고 철저하게 분석한 뒤 성공의 발판으로 삼았다.

야나이 회장뿐만이 아니다. 오늘 도전해서 내일 당장 성공한 사람은 없다. 맥도날드 창업자 레이 크록은 잘나가는 영업사원이었지만, 사람을 쉽게 믿는 성격 탓에 알거지가 된 적이 한두 번이 아니었다. 하지만 그는 좌절하지 않았고, 52세라는 늦은 나이에 맥도날드 형제를 만나 사업을 키워보고 싶다는 꿈을 품었다. 맥도날드 형제를 설득해 1호점을 낸 레이 크록은 경쟁사의 쓰레기통을 뒤지며 그들이 전날 고기를 몇 상자나 썼는지 찾아볼 정도였다. 결국 성공의 크기는 열정의 크기이며, 열정은 곧 영업 활동으로도 연결된다.

일은 잘하지만 한 가지가 부족한 사람들

똑똑하고 매사에 딱 부러지며 신속하게 일처리를 하고 친화력도 좋지만, 딱 한 가지가 부족한 사람들이 있다. 이런 사람들은 "영업은 죽어도 싫어요"라고 말한다. '죽어도'라는 극단적인 단어까지 사용하면서 영업을 거부하는 사람들은 거절에 민감하게 반응한다. 누군가의 거절을 자신의 존재 자체에 대한 부정으로 생각한다. 거절 한 번으로 세상을 다 잃은 것처럼 우울해하고, 고민하고, 자괴감에 빠져 헤어나지 못한다. 그래서 아예 거절당할 일을 하지 않으려고 한다. 하지만 세상을 살면서 거절당하는 일이 영업에서만 일어나는 것은 아니다. 어떤 연예인들은 특별히 잘못한 것이 없는데도 지속적으로 악플에 시달리고, 직장 내에서도 이유 없이 나를 미위하는 사람이 있다. 그것은 연약한 인간들이 모여 살아가는 사회에서는 어쩔 수 없이 따라오는 부수적인 일들이다.

전작(前作)《영업의 신》에서도 언급한 바가 있지만, 과거 신제품을 론칭한 적이 있다. 거래처 중 중요한 매장이 있었는데, 매장이 협소한 탓에 규칙을 세워두고 철저하게 적용하는 곳이었다. 그 매장에는 5개의 브랜드 제품이 3대씩, 총 15대의 카메라만이 전시될 수 있었다. 내가 신제품 전시를 부탁하면 다른 한 브랜드의 제품을 내려야 하는 상황이었다. 형평성에 어긋난다는 것은 알았지만 물불 가릴 상황이 아니었다. 매장을 담당하는 팀장을 찾아가 설득했지만, 당연히 거절당했다. 세 번째로 찾아갔을 때에야 겨우 본부장에게 보고해보겠다는 답을 들을 수 있었다. 그러나 역시 본부장에게도 거절당하고 말았다. 나는 다시 매장을 찾았다. 팀장과 이야기를 나누고 있는데, 본부장이 지나가다 나를 발견하고 말을 걸었다.

"왜 그 제품을 우리 매장에서 론칭해야 하는 겁니까?"

업계에서 무섭기로 소문난 본부장이었다. 본부장을 만날 것을 예상하지 못한 나는 재빨리 머리를 굴렸다. 바쁜 본부장을 붙잡고 이 제품의 스펙이 이러니저러니 설명해서 될 것 같지 않았다. 정공법을 택했다.

"사진이 잘 나옵니다."

본부장은 잠시 나를 물끄러미 쳐다보더니 전시를 허락하고 돌아섰다. 만약 내가 한두 번 거절당했다고 포기했다면 그 매장에서 소비자들이 신제품을 보는 일은 없었을 것이다. 그렇다. 한두 번 거절당했다고 의기소침할 필요는 전혀 없다. 사람들이 죽을 때 가장 미련이 남는 것은 해보고 실패한 것에 대해서가 아니라 해보지 못한 것에 대한 후회라고 하지 않는가.

영업은 야구와도 같다. 설령 타석에 나갈 때마다 삼진아웃을 당하고 벤치로 돌아와도 9회 말에 친 역전 홈런 한 방이면 모든 것이 해결된다. 만약 삼진아웃이 두려워 타석에 나서지 못한다면 그 사람은 야구 선수로서의 성공은 둘째 치고, 야구 선수 자체가 되지 못할 것이다.

거절에 대한 복원력을 키우는 힘

성공한 사람들의 공통점은 거절에 대한 회복 탄력성이 크다는 것이다. 한두 번 거절당했다고 포기하지 않는다. 한 번 거절당하나 열 번 거절당하나 다를 바 없다고 생각하는 것이다. 그처럼 금세 회복이 가능하게 하는 힘은 '나는 할 수 있다'라는 자신감이다. 그들도 거절당할 것을 알면서 무언가에 도전한다는 것이 쉽지만은 않을 것이다. 하지만 어떤 사람은 그런 부정적인 상황을 오히려 긍정적인 에너지로 이용하기도 한다.

웅진그룹의 윤석금 회장은 사업 실패 후 브리태니커 출판사의 한국 지사 영업사원으로 취직한 뒤 처음으로 남의 집 초인종을 누르는 것도, 처음 본 사람에게 말을 건네는 것도 너무나 어려웠다고 한다. 하지만 포기하지 않고 용기를 내서 입사 1년 만에 54개국 세일즈맨 중 최고 판매왕이 되었다. 그에게 영업이란 실패를 극복하는 도전이었던 것이다. 윤석금 회장은 "긍정이란 어려움에 처하더라도 할 수 있다는 자신감을 갖는 것이다"라고 말한다. 그리고 영업을 통해 긍정의 중요성을 깨닫게 되었다고 한다.

잘 준비된 실패는 더 나은 미래를 향한 발판이 될 수 있다. 성공은 쉽게 잊히지만, 실패는 오래 기억된다. 그것에서 교훈을 얻으면 된다. "이 나이에 어딜 가서 거절이나 당하고 다닌다면 꼴사납다"라는 것도 변명에 불과하다. KFC 창업자인 커널 샌더스는 65세에 파산한 뒤 자신의 조리법에 투자할 사람을 찾아다녔다. 그리고 열 번도 아니고 무려 1,009번이나 거절을 당했다는 일화는 이미 유명하다. 그가 유난히 둔감하거나 거절당해도 상처를 받지 않는 철면피라서 그런 것이 아니다. 언젠가는 자신의 꿈을 이룰 수 있을 것이라는 열정과 긍정의 힘이 있었기 때문이다.

결국은 자존감을 높일 수 있는 방법을 스스로 터득해야 한다. 그 과정을 스스로 이겨내고 자신만의 방법을 찾아낸 사람만이 성공의 길에 접어들었다. 자존감은 하루아침에 생기는 것이 아니며, 결코 깨지지 않는 강철도 아니다. 언제 깨질지 모르는 유리 방패이기 때문에 우리는 늘 방패 어딘가가 갈라지지 않았는지 스스로 성찰하고, 긍정의 힘으로 계속해서 닦아 윤이 나도록 해야 한다.

실패를 받아들이는 자세

다빈치연구소 소장이자 구글이 선정한 세계 최고의 미래학자 토머스 프레이는 "지금은 맥시멈 프로이트(Maximum Freud)의 시간이다"라고 말한다. 맥시멈 프로이트란 중대한 시대의 변화를 맞이하는 변곡점의 시간을 의미한다. 고성장 시대에는 영업 마인드가 없어도 일할 곳이 충분했다. 그러나 지금은 완전히 사정이 다르다. 인구구조가 변하고, 산업과 기술이 변하고, 경쟁이 가속화되면서 급속도로 빠르게 패러다임이 변화하는 지점에 서 있다. 앞으로의 시장 상황은 지금보다 더 치열해질 것이다.

부모의 지원 속에서 공부만 한 학생들은 앞으로의 세상을 헤쳐나가기가 쉽지 않을 것이다. 자신의 가치를 파는 방법도, 거절에 대한 탄력성도 없기 때문이다. 하지만 앞으로는 자기 어필이 더욱 필요한 시대다. 두려움을 떨쳐내야 한다. 단순히 두려움을 떨쳐낼 것이 아니라 실패에서 배우고자 하는 마음을 가져야 한다. 한 발 내딛기가 어려운 것이지, 한 발 내딛고 나면 가속도가 붙어서 뚜벅뚜벅 걷게 된다.

알아둘 것은 본인이 최선을 다했다고 해서 모든 일이 다 성사되는 것은 아니라는 점이다. 살다 보면 그런 일은 비일비재하다. 여기서 중요한 것은 실패를 어떻게 받아들일지에 대한 태도의 문제다. 실패의 원인을 시장 상황이 좋지 않아서, 상대방이 꼴통이라서, 다른 제품이 더 좋아서 등등 외부 요인에서만 찾으려 들면 아무것도 나아지지 않는다. 영업만 20년 넘게 했지만 시장이 좋았던 때는 2001년 즈음, 딱 1년 정도였다. 그때는 영업맨이 할 일이라곤 거래처에서 분쟁이 일어나지 않도록 물건을 잘 배분하고 관리하는 정도였다. 그런 상황이 오래 지속될 것이라고 생각했지만, 나의 오산이었다. 겨우 1년 만에 좋은 시절은 끝이 났다. 이후 지금까지 단 한 번도 시장 상황이 좋았던 적은 없었다.

명필가는 붓을 탓하지 않는다는 것처럼 영업하는 사람은 시장 상황을 탓하면 안 된다. 그것은 책임에서 벗어나기 위해 도피처를 찾는 행위일 뿐이다. 쉬운 예가 명절 같은 경우다. 보통 사업 계획을 짤 때 명절이 끼어 있는 달은 그에 맞춰 계획을 짠다. 그럼에도 명절이라 소비자들이 여행을 가고, 쉬기 때문에 매출이 나오지 않는다고 이야기한다. 이는 충분히 예측할 수 있는 일이다. 그런데도 항상 명절이 다가오면 명절 탓을 한다. 이런 식이면 곤란하다.

최선을 다했는데도 불구하고 실패했으니 겸허하게 결과를 수용하겠다는 태도 또한 옳지 못하다. 최선이 어느 정도 크기의 최선이었는지를 냉정하게 평가해야 한다. 실패를 통해 새로운 것을 얻어낼 수 있어야 한다. 왜 이런 결과가 일어났는지 스스로 평가해보고, 수정할 부분을 찾아내겠다는 마음가짐이 있어야 개선의 여지가 있다.

거절은 한순간이다. 어쩌면 상대방 입장에서는 거절하는 것이 당연하다고 생각하는 것이 속편할지도 모른다. 그리고 상대가 거절하면 다시 거절할 수 없는 이유를 만들어 가지고 가면 된다. 열 번을 찍어도 넘어가지 않는 나무라면 백만 번을 찍을 에너지를 비축해서 다시 찍으면 된다. 계속해서 논리를 펴다 보면 반드시 길이 보일 것이다.

숫자를 가지고
놀아라

대학 졸업 후 15년간 몸담았던 회사를 그만두고 커피 전문점을 차리기로 한 김 과장은 맨 먼저 사람들이 어떤 커피를 좋아하는지부터 열심히 알아보았다. 오랜 조사 끝에 알아낸 것은 사람들이 가장 좋아하는 커피의 평균 온도는 49도라는 것이었다. 옳다구나 하고 커피 전문점을 낸 김 과장은 얼마 못 가 결국 망하고 말았다.

사람들이 좋아하는 평균을 냈는데 왜 망했을까? 바로 사람들이 쉽게 빠지는 '평균의 오류'다.

영업에서 숫자는 스토리다

숫자 하면 고개부터 절레절레 흔드는 사람들이 있다. 하지만 영업을 하려면 숫자와 친해야 한다. 단순히 어느 지점에서 이윤이 나고 마이너스가 되는지를 찾기 위해서가 아니다. P/L(손익계산서), B/S(대차대조표)만 봐도 거래처의 상태가 어떤지 스토리를 만들어낼 수 있어야 한다.

장사하는 사람이나 CEO를 보면 숫자에 비범한 사람들이 있다. 타고나기를 숫자에 민감한 사람도 있겠지만, 노력으로 이를 극복하는 사람이 더 많다. 투자의 귀재로 불리는 워런 버핏조차 감으로 투자를 하지는 않는다. 그는 고령인 지금도 투자할 회사의 재정 상태 등을 분석하면서 하루를 보낸다고 한다. 주식을 하는 사람 중에 누가 좋다고 해서, 또는 감으로 투자를 하는 경우 십중팔구는 망한다. 분석이 없는 투자는 망할 수밖에 없기 때문이다.

내가 영업맨, 혹은 1인 셀러가 되려고 하는데 자신이 없으니 숫자는 옆으로 밀어두고 열심히 팔기만 하겠다는 것은 말이 안 된다. 영업자가 다뤄야 할 숫자는 미분, 적분이 아니다. 더하기 빼기도 계산기가 알아서 해준다. P/L, B/S 보는 법이나 회계 등 몇 가지 중요한 사항은 배워둘 필요가 있다. 숫자만 잘 알아도 영업 능력은 훨씬 커진다.

양치기 영업자의 말로

영업자는 숫자를 만들어내는 능력이 있어야 한다. 숫자를 만들어내는 능력이란 무엇을 말하는 것일까? 아직도 밀어내기식 영업을 하는 회사가 많으니 밀어내기를 예로 들어보자. 가령 월 매출 100억 원이 목표다. 그런데 어쩌다 보면 월말에 펑크가 나는 경우가 있다. 매출 목표량에서 5억 원이 부족하다. 그러면 팀장이 지시를 할 것이다. 5억 원이 부족하니 어떻게든 채우라고 한다. 2~3일 내에 5억 원어치 물건을 시장에 내다 팔 수는 없다. 이럴 때 밀어내기를 하게 된다. 그런데 대리점에서는 밀어내기를 받아줄 이유가 없다. 31일과 1일은 하루 차이지만 결제일은 한 달 차이가 난다. 회사에서 결제일을 미뤄주는 것도 아니므로 대리점 입장에서는 밀어내기를 받아들이기 쉽지 않다. 따라서 막무가내로 밀어낼수가 없다.

이때는 어떤 대리점을 통해서 매출을 일으킬 것인지를 고민하게 된다. 가령 기획력이 뛰어나고 실판매 역량이 있는 대리점, 재고가 없는 대리점, 자금 운용이 넉넉한 대리점 등을 우선 고려한다. 그리고 밀어내기를 했을 때 책임질 수 있는지 여부를 판단한다. 만약 5억 원을 밀어냈는데 그걸 받아준 대리점이 기획한 대로 판매를 못 해서 재고가 쌓이면 현금이 돌지 않을 수도 있다. 이런 경우에는 영업사원이 대리점의 재고가 본사의 재고라는 생각으로 실판매가 가능하도록 이벤트를 기획하고, 재고를 해결해줄 능력이 있어야 한다.

만약 계속 이런 식으로 관리해서 거래처와 신뢰 관계를 쌓아두었다면 밀어내기를 해도 두말 않고 물건을 받아준다. 반면 본인이 필요할 때만 부탁하고 그 뒤를 책임지지 않는다면 대리점도 밀어내기를 받아줄 리 만무하다. 한 번은 속아도 두 번 속을 이유는 없기 때문이다. 물론 소비자를 대상으로 한 영업이 아니라 대리점 영업이라서 가능한 일이긴 하지만, 평소 신뢰와 기획, 후속 처리가 얼마나 중요한지를 알 수 있는 예다.

왕관을 쓸 자, 책임감의 무게를 견뎌라

어떤 일이나 마찬가지지만 영업자는 책임감의 무게를 견뎌낼 수 있어야 한다. 모든 것을 혼자 처리해야 하는 1인 셀러도 마찬가지다. 이런 책임감은 누가 시켜서 되는 일도 아니고, 스스로 의지가 있어야만 가능하다.

각 팀에는 할당된 매출 목표가 있다. 그리고 각 팀원에게 할당된 목표액이 따로 있다. 가령 팀 목표액이 100억 원이라면 일반적으로 팀장은 30억 원, 차장급은 20억 원, 과장급은 10억 원, 사원은 5억 원처럼 팀원에 따라 차등 적용된 목표액이 있다. 그런데 간혹 월말이 되면 잠수를 타는 영업사원이 있다. 목표액을 맞추겠다며 외근을 나가서는 전화도 받지 않는다. 일종의 책임 회피인 것이다. 10억 원을 담당한 과장이 펑크를 내면 그 팀은 목표를 달성하지 못하게 된다. 이것은 기본적인 마인드의 문제기 때문에 월말마다 이런 일이 항상 반복된다.

숫자에 대한 책임은 의외로 무겁다. 하면 좋고, 안 해도 되는 게 아니다. 책임감은 스트레스다. 스트레스를 받는다는 것은 그만큼 고민한다는 의미다. 그것을 이겨낼 수 있어야 한다. 그리고 스트레스를 받는 만큼 문제를 해결할 방법을 찾는 데 몰두해야 한다.

나는 숫자가 좋다. 글이나 말은 애매한 구석도 있고, 해석하기 나름이지만 숫자는 다르다. 숫자는 진실만을 이야기하기 때문이다. 또 숫자는 변명할 틈을 주지 않는다. 질척이지 않고, 깔끔하다. 하지만 숫자에 접근할 때도 주의할 점이 있다. 눈에 보이는 것에만 현혹되어서는 안 된다는 것이다. 숫자에 대한 합리적인 의심을 할 필요가 있다. 대표적인 것이 앞서 말한 '평균의 오류'다. 49도의 미지근한 커피를 팔다가 망한 사장처럼, 상식적으로 생각해도 쉽게 알 수 있는 일을 숫자에만 집착하다가 생겨나는 오류다. 마찬가지로 SNS의 '좋아요'나 댓글 수가 곧 제품의 성공으로 연결되지는 않는다. 거기에 함몰되어서는 곤란하다. 시장조사 기관에서 제공하는 숫자 역시 완벽하지 않다. 이런 숫자들은 의사결정을 위한 참고자료로만 활용할 뿐 일반화해서 적용하는 것은 곤란하다.

　길치인 사람도 극한 상황에서는 지도를 찾아 읽게 되고, 필요하면 벼락치기라도 해서 암기하는 법이다. 숫자는 잘 알아도 그만, 아니어도 그만이라는 생각 대신 조금이라도 숫자와 친숙해질 수 있는 방법을 찾아 자신만의 숫자 논리를 터득하는 것이 좋다.

발품, 판 만큼
답이 보인다

해외 진출 후 애를 먹던 기업이 현지에 특화된 제품을 개발하면서 빅 히트를 쳤다는 뉴스를 가끔 접한다. 예를 들어 동부대우전자가 내놓은 '히잡' 전용 세탁기 같은 경우다. 무슬림 여성이 머리를 감싸는 전통 복장 히잡을 쓰는 중동 지역에서 출시한 이 제품에는 '이슬라믹 린스' 코스가 탑재되어 있다. 그런데 이 코스는 단순히 얇고 부드러운 히잡을 망치지 않고 세탁하는 기능만 있는 것이 아니라, 이슬람 성전《코란》에 나온 히잡 세탁법에 맞춰 설계되었다고 한다. 이는 중동이라는 특수한 지역에서 살아보고, 그들의 문화를 체험해보지 않고서는 결코 나올 수 없는 아이디어다. 이처럼 성공의 길을 역추적해보면 그곳에는 항상 '현장'이 있다. 그만큼 현장이 중요한 것이다. 동부대우전자의 히잡 전용 세탁기는 이란의 최대 가전업체인 엔텍합그룹과 독점공급 계약을 맺으며 2016년 대비 20퍼센트 이상 판매율이 상승할 것으로 전망하고 있다.

경계 없는 현장

사원 출신에서 CEO 자리에까지 오른 NH투자증권 김원규 사장도 정통 영업맨 출신으로, NH투자증권의 최연소 지점장(35세)이라는 타이틀을 가지고 있다. 김원규 사장의 평소 철학은 "회사의 주인은 나, 내게도 책임이 있다"는 것이다. 사장이 되고 난 후에도 본사 사업 본부는 물론 지역 본부를 돌면서 사원, 대리급과도 대화를 마다하지 않는 스타일로 유명하다.

김원규 사장뿐만 아니라 영업맨 출신 CEO들의 공통점을 살펴보면 한결같이 '현장'이라는 키워드가 있다. 그들이 입을 모아 현장을 강조하는 데는 이유가 있다. 현장에 답이 있기 때문이다. 여기서 살펴볼 것은 영업맨 출신 CEO들이 강조하는 현장이 고객과의 접점, 즉 시장만을 의미하지 않는다는 점이다. 고객과 맞닿아 있는 지점, 생산 현장이나 조직의 내부까지 현장으로 인식한다.

가령 인터넷 쇼핑몰을 하는 사람에게는 인터넷 자체가 현장이다. 페이스북에서 팔로잉을 한 사람에게 따뜻한 말 한마디 건네고, 다른 기업에서는 상품 페이지를 어떻게 구성해서 인터넷에 띄우는지, 유행하는 콘텐츠는 무엇인지 살펴보고, 내 인터넷 쇼핑몰은 무엇이 부족한지 점검하는 것이 곧 현장을 중요하게 생각하는 것이다. 이뿐만이 아니다. 큰 조직에 몸을 담고 있는 경우에는 소위 '줄서기'와는 전혀 다른 의미의 내부 영업을 해야 하는 상황이 많이 발생한다.

내가 수출을 담당할 때였다. 해외영업부에서는 수출을 할 때 선적 기일을 맞춰야 하는 일이 많다. 그날도 다급하게 선적을 해야 하는 일이 생겼다. 이럴 때는 물류에 전화해서 빨리 실어달라고 부탁을 하지만, 물류 입장에서는 주문이 들어오는 대로 하면 되기 때문에 구태여 내 것만 빨리 넣어줄 이유가 없다. 게다가 다른 부서의 영업 담당자들도 순번을 기다리고 있었을 터였다. 물류 센터에 부탁을 해도 "우리는 권한이 없으니 다른 영업팀과 조율해라. 조율이 되면 해주겠다"고 한다. 그 이야기를 듣고 다른 영업팀과 협의를 한 다음(내부 영업) 나는 물류 센터가 있는 천안까지 한달음에 내려갔다. 그리고 제품을 컨테이너에 싣는 직원과 함께 물건을 나르기 시작했다(현장 영업). 일이 끝난 후 10년 차 물류팀장은 지금까지 물류 센터에 와서 음료수 한잔 사주며 부탁을 한 적은 있어도 직접 박스를 나르면 일한 사원은 처음 봤다고 했다. 이렇게 물류 현장에서 밤을 보낸 적도 꽤 있다. 이처럼 영업은 말로만 끝나는 것이 아니라 행동으로 보여줌으로써 신뢰를 얻고 점수를 딸 수 있는 경우가 많다.

현장을 성공적으로 만드는 숨은 동력

영업사원 중에는 마치 시계추처럼 몸만 현장에 나갔다가 회사로 돌아오기를 반복하는 타입이 있다. 아침에 출근해서 대충 사무를 본 뒤 나간다. 말 그대로 몸만 나가는 것이다. 외근을 나갈 때는 이유가 있어야 한다. 매번 협상을 하는 것도 아니고, 매번 이벤트가 있는 것도 아니다. 그냥 대리점에 가서 "식사 잘하셨어요?" 같은 의례적인 인사를 건넨 뒤, 잠시 구석에 앉아서 야구 이야기를 하다가 밥을 먹고 들어온다. 이런 식의 현장은 무의미하다. 그럼에도 이런 영업자가 의외로 많다.

외근을 나갈 때는 이유를 만들어야 한다. 거래처가 한 곳만 있는 것은 아니다. 만약 10곳의 대리점을 담당하고 있다면 열흘에 한 번씩만 들르면 한 대리점당 한 달에 두 번 정도 방문하게 된다. 영업자 본인은 매일 나가지만, 대리점 입장에서는 열흘에 한 번꼴로 영업사원이 들르는 셈이다. 그런데 열흘이면 대리점이 처해 있는 상황이 똑같지는 않다. 그렇다면 이슈를 만들 수 있다. 여기서 이슈란 영업사원이 거래처에서 얻어낼 것이 있다거나, 반대로 거래처에서 필요로 하는 문제를 해결하는 일 등을 의미한다. 영업사원이라면 이런 이슈를 발견, 혹은 만들어낼 수 있어야 한다. 한 달 동안 매일 들러서 똑같은 이야기를 나누고 돌아오는 것보다는 서로에게 이익이 생길 수 있는 논제를 가지고 접근하는 것이 훨씬 효율적이다. 그런데 아침에 출근해서 마실 가듯 어슬렁거리며 나가 눈도장만 찍고 오는 것으로 본인의 역할을 다했다고 생각하는 것은 곤란하다.

바쁜 대리점 입장에서는 오히려 이런 영업사원의 행태가 귀찮을 수도 있다. 그런데도 불구하고 무조건 외근을 하라는 회사도 있다. 하지만 거래처가 불편해하거나 귀찮아한다면 친분이 쌓일 수도, 신뢰가 형성될 수도 없다. 거래처 직원은 가족이 아니며, 영업을 신뢰와 사랑으로 하는 것도 아니다. 필요한 것을 서로 취하는, 분명한 이해관계가 성립되어 있다. 이 점을 분명하게 인지해야 한다. 회사도 마찬가지다. 회사가 가지고 있는 목적성이라는 것이 있다. 그리고 그 목적성을 조율하는 것이 영업이다. 그런데 목적성은 무시하고 성과 없이 동네 한 바퀴 돌고 들어오는 행동이 회사에 득이 될 리가 만무하다.

그렇다면 영업자가 해야 할 일은 무엇일까? 예를 들면 거래처에 나가기 전에 먼저 재고를 확인해본다. A라는 제품의 재고가 10개여야 적정 재고인데 50개가 남아 있다면 재고 트러블이 있다고 추측해볼 수 있다. 당연히 자금 회전에도 문제가 생길 가능성이 있다. 그렇다면 재고를 팔 수 있는 방법을 찾아보고 그에 대해 협의해야 한다.

"사장님, 재고가 많으시죠?"라고 물어서 "그렇다"는 답이 돌아왔을 때 "이렇게 한번 해보세요"라고 제안을 할 수 있어야 한다. 재고는 파악했는데 대책이 없다면 그것도 문제다. "사장님, 재고 많으시죠?"라고 물어서 "그렇다"라는 답이 돌아왔는데 "걱정이네요"라고 끝을 내버리면 불난 데 부채질하는 격이다. 진짜 영업사원이라면 대안을 제시해줄 수 있어야 한다.

거래처를 내 편으로 만드는 가장 쉬운 방법

한 번도 안 가본 사람은 있어도 한 번만 간 사람은 없다는 츠타야 서점의 창업자 마스다 무네아키는 고령층을 염두에 둔 소매점 다이칸야마 티사이트(T-SITE)를 설립하기 전, 비가 오나 눈이 오나 햇볕이 쨍쨍 내리쬐나 바람이 부나 근처 카페에 앉아 현장을 점검했다고 한다. 그는 말한다. "고객이 원하는 것을 꼭 집어서 제안하면 계약은 성사된다. 답을 알 수 있다면 기획은 백발백중인데 다들

3장 | 영업력, 누구에게나 있다

'답'을 찾으려 하지 않는다. 답을 찾으려 하지 않고 한 방만 노린다. 장사에서 그 '답'을 발견하는 방법은 간단하다. 고객 입장에서 생각하면 된다"라고.

거래처를 자기편으로 만드는 가장 손쉬운 방법은 거래처가 돈을 벌 수 있도록 해주는 것이다. 그게 첫 번째다. 거래처에서 영업사원에게 대책 좀 세워달라고 요청한 뒤에 해도 고맙다고 할 텐데, 말도 하기 전에 영업사원이 먼저 나서서 대책을 세워준다면 얼마나 그 사람이 예쁘겠는가. 그렇게만 되면 거래처는 영업사원이 아무것도 안 해도 충성할 수밖에 없다. 접대 차원이 아니라 진심 어린 마음으로 영업사원을 대한다. 그런데 돈을 벌게 해주는 것이 아니라 계속 손해만 나게 한다면 그 영업사원은 꼴도 보기 싫을 수밖에 없다. 당장 "쟤는 여기 와서 뭐 하나?", "쟤, 또 왔니?"가 되어버리는 것이다. 이런 상황이라면 신뢰가 비집고 들어갈 틈이 없다.

아무것도 안 해도 물건이 잘 팔리는 시절은 없다. 오지도 않을 것이고, 올 수도 없다. 이미 한국은 저성장 시대에 접어들었고, 사람들은 자신에게 필요가 없으면 단돈 1,000원에도 지갑을 쉽게 열지 않는다. 이는 한번 물건을 팔아보면 안다. 이런 변화의 과정에서 맞게 되는 위기, 위협의 요소에 대해 나, 즉 1인 셀러는 물론이고 영업자라면 그 문제를 해결할 수 있는 제안자가 되어야 한다.

어디서나 통하는
'이미지' 전략

SBS 프로그램 〈백종원의 푸드트럭〉 부산 편에서 유독 시선을 끈 두 팀이 있었다. 방송 초기부터 백종원에게 미소와 태도만은 성공했다고 칭찬을 들은 불스초이스의 황윤정과 '썩어빠진 정신 상태'라며 갖은 구박을 받은 윤아네였다. 두 팀 모두 초짜 푸드트럭 장사치였지만, 불스초이스의 황윤정은 방송 초기부터 그녀만의 싹싹함과 친절함으로 '황블리'라 불리며 시청자들에게 깊은 인상을 남겼다. 이미지는 한번 각인되면 커다란 변수가 없는 한 좀처럼 바뀌지 않는 법이다.

나만의 무기는 어떻게 만들 수 있을까

나는 군을 제대하자마자 인켈에 입사한 뒤 해외영업부로 발령이 났다. 왜 해외영업부로 발령이 났는지 이유는 정확하게 모른다. 단지 첫 발령이 계기가 되어 지금까지 영업과 인연을 맺고 있다. 당시 나를 가르친 사수는 같은 부서의 1년 선배였다. 안타깝게도 그 선배는 일 자체가 관리가 안 되는 사람이었다. 신입인 내 눈에 들어온 것은 그 선배가 처리하지 않고 쌓아둔 거래처에서 보낸 서류들이었다.

제품을 수출해도 각 나라마다 AS 센터를 둘 수 없기 때문에 물건이 고장 나면 보통 현지 바이어들이 부속품을 요청해 자체적으로 수리를 한다. 그런데 해외 바이어들이 가장 목말라하는 것이 수리용 부품이다. 바이어들이 요청하면 영업자들이 재깍 후속 조치를 해줘야 하는데, 이미 물건은 판 상태고 매출과는 상관이 없기 때문에 부품 요청은 항상 우선순위에서 뒤로 밀리고 만다. 그 선배도 해외 바이어들에게 전화를 받을 때는 "네, 알겠습니다"라고 하지만, 실제 일처리를 하지 않아 서류가 나뒹굴고 있었던 것이다.

자진해서 그 일을 맡겠다고 나선 나는 일주일 동안 부품 정리만 했다. 그 정도로 일이 밀려 있었던 것이다. 창고에 가보니 해외 바이어들이 요청한 수리용 부품이 산더미처럼 쌓여 있었다. 자재팀으로부터 물건을 받긴 했으나 정리해서 보내주지 않았던 것이다. 그동안 선배가 미뤄두었던 부품을 정리해서 일일이 해외 바이어들에게 보내주자 당연한 일임에도 무척이나 고마워했다. 이 일을 끝내고 난 뒤 나는 그 선배가 담당하던 동남아 업무를 일부 맡아서 진행하게 되었다.

그리고 1년 후 3개(해태전자, 인켈, 바텔) 회사가 합병되면서 새로운 부서로 팀을 옮길 때, 10년 차 팀장이 나를 보더니 "네가 임훈인가? 네가 그렇게 정리를 잘한다고 하던데?"라고 운을 뗐다. 그사이 나는 회사 내에서 '정리 잘하는 사람', '일처리가 빠른 사람'으로 인식되어 있었던 것이다. 옮긴 팀에서는 회사에서 중요하게 여기는 미주 쪽을 담당하게 되었다. 나는 본래 성격이 급한 편이라 일을 쌓아두는 것을 못 견디는 편인데, 이런 성격이 회사나 거래처 입장에서는 좋게 작용한 것이다.

아이덴티티가 무기가 되는 세상

평소 먹는 것을 무척 즐기던 기자가 있었다. 서울 시내의 맛집이란 맛집은 죄다 꿰고 있던 그녀는 도쿄로 유학을 가기로 결심했다. 그리고 시간이 날 때마다 도쿄의 맛집을 찾아서 돌아다녔다. 6개월 뒤에는 도쿄에 사는 일본인들이 거꾸로 한국인인 그녀에게 맛집이 어디냐고 물어볼 정도가 되었다. '걸어 다니는 맛집 리스트'가 된 것이다. 이후 그녀는 일본 방송국과 잡지에서 요청이 들어오면 맛집을 소개하고 연결해주는 프로젝트를 맡아 한국과 일본을 오가며 일했다.

나를 표현할 수 있는 하나의 이미지를 구축해서 주변에 전달하고 각인시킨다는 것은 현대를 살아가는 데 무척 중요한 일이다. 이것은 곧 나만의 무기가 된다. 존재감이 뛰어난 사람만이 그렇게 될 수 있는 것은 아니다. 성격과도 무관하다. 소극적이거나 내성적인 사람도 얼마든지 긍정적인 이미지를 구축할 수 있다. 남들이 자신을 보았을 때 떠오르는 딱 한 가지 단어가 있으면 된다. 가령 '엑셀의 신'이라거나 '회계의 여왕', 'PPT의 달인', '프레젠테이션의 귀재', '기획의 왕', '아이디어 화수분', '쇼핑의 귀신' 같은 식이다. 이런 긍정적인 이미지를 구축하고, 사람들에게 전달하고, 각인시키면 그것이 곧 그 분야에서 전문가가 되는 지름길이다.

조금 다른 이야기지만, 다음소프트 부사장 송길영 박사는 IT 학과 출신으로 장발이 특징이다. 젊을 때는 짧은 헤어스타일이었지만, 어느 순간부터 길러서 묶고 다녔다고 한다. 짧게 깎은 헤어스타일이 보통인 공대생 사이에서 긴 머리를 하고 다니는 별난 사람이 있으니 주변에서는 당연히 이상하게 보았을 것이다. 하지만 송길영 박사를 알리는 데는 이 헤어스타일이 커다란 역할을 했다. 세계적인 박람회나 어떤 모임에 가도 사람들이 비슷비슷하게 생긴 동양인 속에서 '머리 긴 놈'만은 알아본 것이다(이 이야기는 송길영 박사의 저서《상상하지 말라》에 소개된 에피소드다).

영화제나 시상식이 있는 날 많은 여자 연예인들이 추운 날씨에도 불구하고 깊이 파인 드레스를 입고 레드 카펫을 밟는 이유는 사람들의 시선이 집중되는 날, 자신을 알리기 위해서다. 치열해지는 경쟁의 시대에 자신의 아이덴티티를 어떻게 확보할 것인가는 상당히 중요한 문제다. 사람도 결국 제품과 같다. 제품이 출시될 때는 이를 어떻게 알릴지 기획하고, 준비하고, 발표하고, 홍보한다. 사람도 마찬가지다. 어느 한순간에 자신의 이미지가 포지셔닝되지는 않는다. 오랜 시간을 두고 만들어나가야 한다. 그러므로 아직도 자신을 대표할 이미지가 없다면 지금이라도 빨리 자신의 가치를 어디에 두고 이미지를 만들어야 할지 고민해볼 필요가 있다.

침팬지와 인간을 구분하는 0.4퍼센트의 차이

이미지와 아이덴티티는 별개지만, 첫인상을 좌우하는 외모도 영업을 하는 사람에게는 주요한 요소다. 사회생활 초창기에 종이컵 세일즈로 자본을 모았던 맥도날드의 창업자 레이 크록은 직원들에게 "나 자신을 파는 데 성공하면 종이컵 파는 것은 문제 될 것이 없다"고 말했다. 그리고 직원들에게 항상 윤이 나는 구두와 단정한 머리, 깔끔한 손톱, 그리고 영리하게 보일 것과 민첩하게 행동할 것을 주문했다.

개인의 이미지는 곧 회사로도 연결된다. 내가 곧 회사가 되는 것이다. 한 항공사에서는 스튜어디스들에게 편의점 등에서 쇼핑한 뒤 물건을 담아주는 비닐봉지를 들고 호텔 로비를 다니지 말라고 권고했다고 한다. 사람들에게 피해를 주는 것도 아닌데 회사의 지나친 간섭이라고 여겨질 수도 있지만, 스튜어디스 복장을 한 채 비닐봉지를 부스럭거리며 흔들고 다니는 것이 결코 회사 이미지에 도움이 될 리 만무하다.

개인의 이미지도 이런 사소한 부분에서 결정된다. 화려한 언변을 구사하거나 외모를 가꾸어야 한다는 것이 아니다. 겉만 번드레한 말이나 외모로는 상대방에게 진심을 전하지 못한다. 어떻게 포장하든 금세 탄로가 난다. 한평생을 기업가와 정치가의 옷을 만든 비스포크 테일러숍의 대표도 "멋 이전에 상대방에게 호감을 줄 수 있는 것은 깨끗한 옷을 입는 것이다"라고 했다.

특히 1인 셀러는 자신이 영업자이자 사장이며, 브랜드고 회사다. 어떻게 자신의 이미지를 구축하느냐에 따라 일의 성패가 갈릴 수도 있다. 물론 편의점에서 손쉽게 비닐봉지를 구할 수 있는데 물건을 사러 갈 때마다 가방을 들고 다니는 것은 개인적으로 상당히 불편하고 거추장스러운 일이다. 중요한 것은 자신이 하고 싶은 것과 하지 말아야 할 것에 대한 경계를 분명히 해두어야 자기 통제가 가능하다는 점이다.

인간과 침팬지의 유전적 차이는 0.4퍼센트에 불과하다고 한다. 말도 안 되게 작은 차이지만, 이 차이가 인간이냐 침팬지냐를 가르는 중요한 변곡점이 된다. 이미지도 마찬가지다. 아주 사소한 데서 명암이 갈리기도 한다는 것을 인지하고, 자기 관리에 좀 더 세심하게 신경 쓸 필요가 있다.

'직관'은 없다,
'촉'을 키워라

어떤 일을 꾀하기 위해서는 '촉'이 필요하다. 촉이란 기본적으로 '관찰'로부터 온다. 처음 후지필름에 입사할 때 쉽지 않을 거라고 생각하면서도 단호하게 결정을 내린 것은 바로 그동안 쌓아온 '촉' 때문이었다.

카메라 시장은 몇 년간 계속 내리막길이었다. 이런 시장의 큰 흐름은 개인의 힘으로는 바꿀 수 있는 문제가 아니다. 대세이기 때문이다. 그럼에도 내가 후지필름을 선택한 것은 제품을 보고 가능성이 있다고 판단했기 때문이었다. 물론 후지필름 한 가지 제품만 본 것은 아니다. 영향을 미칠 수 있는 다른 경쟁사 제품도 비교해본 뒤 내린 결론이다. 다른 경쟁 상품을 살펴보고 이건 팔리겠구나라고 판단한 것이다. 이처럼 촉은 '주관적인 생각'과 '객관적인 관찰'이 더해져서 생겨난다.

관찰과 경험에서 나온 직관, '촉'

영업을 하다 보면 다양한 인간상을 만나게 된다. 세상 자체가 배신과 음모가 난무하는 곳이기는 하지만, 유통과 관련해서는 영업권과 이익이 직접적으로 걸려 있기 때문에 생각보다 더 치열하다. 이런 현장에서 살아남기 위해서는 '촉'이 필요하다.

사람의 유형은 다양하다. 이들은 모두 같은 방식으로 대응하지 않는다. 각자 자신의 생각을 표현하는 방법이 다르고, 똑같은 사례에 대해 받아들이는 포인트도 각양각색이다. 영업이란 이처럼 개성 넘치는 사람을 대상으로 하기 때문에 일괄적인 방법론을 들이대서는 막다른 골목에 다다를 수밖에 없다. 그러므로 순간의 상황이나 상대방의 말에 담긴 의중을 파악할 수 있어야 한다. 이럴 때 필요한 것이 바로 '촉'이다.

촉은 '근거 없는' 감(직관)과 다르다. 어떤 일을 결정하는 데 있어서 왜 그 일이 필요하냐고 물었을 때 특별한 이유 없이 감이 좋아서 뛰어드는 것은 부나방이 불을 보면 뛰어드는 것처럼 무모한 일이다.

단순한 감이란 그저 일시적인 기분이나 그때 처한 환경 혹은 주변 사람들의 의견으로 만들어진 환영 같은 것일 수도 있기 때문이다.

촉이 그때그때 처한 상황에 재빨리 대처하는 임기응변을 의미하는 것도 아니다. 임기응변은 오히려 영업에서 금기시되어야 할 항목이다. 물론 좋은 임기응변이 있을 수도 있지만, 자칫하면 '꼼수'로 여겨질 수도 있기 때문이다.

촉이란 그동안 자신이 보고 느낀 것을 뇌가 무의식적으로 분석해놓은 결과다. 살다 보면 결코 말로 표현할 수는 없지만, 예감이라는 것이 딱 맞아떨어질 때가 있다. 이런 감은 근거 없이 생기는 것이 아니다. 예를 들어 '여자의 직감(직관)' 같은 것이 그렇다. 여자의 감은 무섭다고 하지만, 이는 근거 없는 단순한 감이 아닐 확률이 크다. 과거 오랜 기간에 걸친 학습이나 관찰에서 나왔을 확률이 크기 때문이다.

직관이란 그 자체만으로는 의미를 부여하기 어렵다. 어떤 과정을 통해 표출되었는지가 중요하다. 오랜 기간을 통해 학습했거나 관찰한 것들과 상호 연관성을 가지느냐 아니냐가 중요한 포인트다. 나는 이것을 구분하기 위해 단순한 직관은 '감', 과거의 학습이나 관찰을 통해서 얻은 직관은 '촉'이라고 표현한다. 촉이 발동하는 것은 그 이면에 오랫동안 그 사람이 활동했던 경험치가 쌓여 있기 때문이다.

학습되는 통찰력

촉이란 다른 말로 표현한다면 '통찰력'이라고도 할 수 있다. 웅진그룹의 윤석금 회장은 브리태니커 한국 지사에서 초고속 승진을 하며 승승장구하다가 과감하게 창업의 길에 재도전한다. 1980년 과외를 금지한다는 뉴스를 보고 아이디어를 떠올린 것이다. 그는 교육청으로부터 강의를 녹음해서 파는 건 불법이 아니라는 답변을 받고, 전국 유명 강사의 강의를 녹음해 판매한다. 직원 7명, 자본금 7,000만 원으로 시작한 사업은 현 웅진그룹의 모태가 되었고, 학습 교재와 아동 교육도서를 만들어 소비자의 폭발적인 반응을 얻었다.

그래픽카드 칩 제조사인 AMD의 CEO 리사 수도 통찰력의 중요성을 보여주는 훌륭한 사례다. 리사 수는 2011년 AMD에 입사해 CPU 아키텍처의 개발 실패로 풍전등화에 놓인 회사에서 일을 하게 된다. 그리고 2014년 부사장에 취임해 어정쩡한 성능의 APU(CPU+GPU)를 MS와 소니의 비디오 게임기에 제공한다는 아이디어를 실행해 절체절명의 위기에 빠져 있던 회사를 구한다. AMD의 APU는 컴퓨터용으로는 성능이 부족했지만 비디오 게임기에 쓰기에는 부족함이 없었고, 리사 수는 바로 그 점을 간파한 것이다. 이를 통해 꽉 막혔던 현금 흐름을 개선한 AMD는 흑자 전환에 성공했고, 리사 수는 부사장에 취임한 지 1년도 되지 않아 AMD의 새로운 CEO로 취임하게 된다. 이런 사례야말로 통찰력, '촉'을 앞세운 영업의 힘이 아닐까.

영업을 잘하기 위해서는 상대방과 이야기를 하는 과정에서 포인트를 짚어낼 줄 알아야 한다. 상대방이 무엇을 이야기하려고 하는지, 무엇을 원하는지 인간의 욕구를 캐치할 수 있어야 하는 것이다. 이런 촉은 그냥 생기는 것이 아니다. 동물적인 감, 사물을 관찰하는 습관, 그리고 축적된 경험과 공부 등이 합쳐져야 점점 더 날카로워지고, 빛을 발하게 된다.

JPD 빅데이터연구소의 장수진 대표는 "특정 산업 분야에서 가장 많은 경험과 지식, 정보와 데이터, 현장 노하우를 보유한 CEO와 기업이야말로 빅데이터 그 자체다"라고 했다. 현장에서 오랫동안 경험을 쌓은 CEO의 통찰력이 진정한 성장 동력이라고 본 것이다.

인간의 욕구를 캐치하기 위해서는 직접적인 관찰도 중요하지만 공부도 필요하다. 기계화되어가는 세상에서 인문학의 중요성이 부각되는 것은 기계가 아니라 사람이 돈을 만들어내기 때문이다. 따라서 단순한 감이 아니라 오랜 경험과 통찰에서 빚어진 촉이 발동할 수 있도록 끊임없는 노력을 기울여야 할 것이다.

146

그들은 어떻게
세계 최고가 되었나

항공, 미디어, 관광 등 다양한 사업을 펼치고 있는 버진그룹의 괴짜 CEO 리처드 브랜슨이 항공 사업을 시작한 과정은 상당히 흥미롭다. 휴가를 떠나기 위해 공항에 간 그는 비행기가 취소되어 난감해하던 중, 자신과 비슷한 처지의 사람들이 어쩔 줄 몰라 하며 우왕좌왕하는 모습을 보게 된다. 리처드 브랜슨은 잠깐 생각하다 2,000달러에 비행기 한 대를 전세 냈고, 이 비용을 승객 수로 나눴다. 그리고 큰 칠판을 빌려서 이렇게 썼다.

"버진항공사, 푸에르토리코행 편도 39달러!"

이것이 버진항공을 시작하게 된 계기다. 리처드 브랜슨은 당시 무슨 생각을 했을까? 그에게 성공을 안겨다 준 세계 최초의 '음악

147

을 들을 수 있는 음반 매장'도 "매장에서 음악을 들을 수 있으면 어떨까?"라는 질문에서 시작되었다. 버진항공 역시 "내가 이 문제를 해결할 수 있을까?", "어떻게 해결할 수 있을까?"라는 질문에서 시작되었다.

문제 해결의 기본은 질문에서 나온다

1980년대 세계 바둑의 패권을 두고 팽팽하게 경쟁하고 있던 일본과 중국 사이에 갑자기 등장한 것은 일본인도 중국인도 아닌, 생뚱맞게도 조훈현이라는 한국인이었다. 이전까지 본선에도 올라가지 못했던 조훈현은 혜성처럼 나타나 우승을 거머쥐었다. 그리고 수년간 중국과 일본은 조훈현을 단 한 번도 넘어서지 못했다. 그 이유는 무엇일까? 조훈현은 그에 대해 이렇게 이야기한다.

"모든 발견은 질문에서 시작한다. '왜?'라는 질문이 떠오르는 순간이야말로 지금보다 나아질 수 있는 기회가 찾아온 때다. 이 기회를 흘려보내서는 안 된다. 집중해서 생각해야 한다."

조훈현은 일본의 프로 바둑기사 세고에 겐사쿠에게 10년 동안 수학했다. 바둑은 보통 스승과 제자의 기풍이 닮게 마련이지만, 조훈현은 세고에 겐사쿠와 전혀 다른 기풍을 보였다. 조훈현이 길러낸 이창호도 마찬가지로 그의 스승인 조훈현과 전혀 다른 기풍을 보였다. 조훈현은 최고의 스승을 만나더라도 자신만의 스타일을 가지지 않으면 진정한 고수가 될 수 없다고 했다. 그리고 진정한 고수가 되는 법은 바로 '왜'라는 질문에서 나온다고 했다.

'No'라고 하면 할수록 좋은 결과물이 나온다고 믿었던 스티브 잡스는 매일 "오늘은 몇 번이나 노(No)라고 말했나?"라고 자문했다고 한다. 한 번 더 다른 생각을 하기 위해서 억지로라도 반론을 찾아내려고 한 것이다. 이에 대해 애플의 최고 디자인 책임자인 조너선 아이브는 "스티브 잡스의 질문은 강하게 믿고 있는 무언가에 대해 다시 생각해보게 만든다"며 일에 대한 집중력을 키우는 데 굉장히 효과적이라고 평가했다.

대화 속에 질문이 있다

영업사원에게 중요한 것은 관찰하는 능력이다. 관찰을 많이 하면 자연스럽게 질문을 많이 하게 되고, 질문을 많이 하면 문제점을 발견할 수 있다. 문제점을 발견하면 그걸 해결할 수 있는 방법도 찾게 되고, 방법을 찾다 보면 스스로 터득하게 된다. 인과관계가 뚜렷한 것이다.

이때도 중요한 것이 마인드다. 무언가를 하고자 하는 마인드 자체가 없는 사람은 질문을 하지 않고, 질문을 하지 않으면 발전이 없다. 문제 해결을 위해서는 질문이 아주 중요하다. 조훈현 기사나 스티브 잡스의 사례에서도 알 수 있듯이 모든 문제 해결의 기본은 질문으로부터 나온다고 해도 과언이 아니다.

세계 인구의 0.2퍼센트밖에 안 되지만, 전 세계 금융 권력을 장악하고 노벨상 수상자의 40퍼센트를 차지하고 있는 유대인의 전통 교육법 '하브루타'도 두 명이 짝을 이루어 질문하고 토론하는 방식이다. 우리나라의 대학 도서관은 기침이라도 한번 하면 큰일 날 것처럼 조용하지만, 유대인은 도서관에서도 삼삼오오 무리를 지어 질문하고 토론하며 새로운 것을 탐구한다. 유대인들이 어릴 때부터 토론 교육을 시키는 것은 훈련이 되지 않으면 좋은 질문을 할 수 없다는 것을 알고 있기 때문이다.

고(故) 노무현 대통령의 연설비서관을 지낸 강원국은 좋은 글쓰기에 대해 "글을 쓰기 앞서 대화(말)를 많이 하다 보면 새로운 생각이 떠오르고, 자신의 생각이 정리되는 것을 느낄 수 있다"고 했다. 사토 아키라 전 기린맥주 사장은 100명과 한 시간씩 말하는 것보다 느낌이 오는 한 명과 100시간을 이야기하는 것을 의미 있게 생각했다. 질문은 상대방과의 대화 속에서 발견할 수 있다. 끊임없이 대화하다 보면 그 속에서 문제를 찾을 수 있을 것이다.

새로운 아이디어에 닿기 위한 조건

스티브 잡스의 거실에 가구가 없었다는 사실은 유명하다. TV도 없고, 아무것도 없었다고 한다. 또 스티브 잡스는 정말 필요하다고 느낄 때를 제외하고는 휴대폰이나 노트북을 가지고 다니지 않았다고 한다. 아이폰이나 맥북은 잡스의 발명품임에도 말이다. 왜일까? 몰입함으로써 아이디어를 캐치해내고자 한 것이다. 마이크로소프트의 빌 게이츠도 1년에 두 번씩, 2주간 별장에 틀어박혀 새로운 경영 전략을 세우고 아이디어를 정리하는 '생각 주간'을 가졌던 것으로 유명하다.

스티브 잡스와 아인슈타인의 공통점은 일주일 내내 똑같은 옷을 입었다는 것이다. 아인슈타인은 하얀색이었고, 스티브 잡스의 시그니처 스타일은 잘 알려진 것처럼 블랙 터틀넥과 청바지였다. 옷장에 똑같은 옷만 넣어두고, 옷을 고르는 데 들어가는 시간과 에너지를 줄이고자 한 것이다. 레이 크록은 "나는 하나님, 가족, 맥도날드를 믿는다. 하지만 회사에 있을 때는 순서가 정반대로 바뀐다. 100미터 달리기를 하면서 하나님을 생각하는 사람은 없을 것이다. 승리하길 바란다면 경주에 집중해야 한다"라고 했다.

몰입은 결국 질문과도 연결된다. 영업을 하다 보면 매달 목표 매출을 달성하기가 쉽지 않다. 하지만 그걸 또 해내는 것이 영업자들이다. 때로 이달은 진짜 답이 없다는 생각이 들 때도 있다. 그러나 상황이 아무리 절망적이라도 몰입하면 답이 나오는 경우가 많다. 실패에 대한 원인을 찾을 때도 마찬가지다. '왜'라는 질문으로 집요하게 파고들어가면 100퍼센트는 아닐지라도 원인을 파악할 수 있는 가능성이 커진다.

최근 저성장, 소득 양극화, 일자리 문제 등 전 세계적으로 어려운 경제 상황이 이어지며 많은 사람들이 스스로 정체된 느낌과 압박감에 시달린다. 만약 판단이 어려운 갈등 상황에 맞닥뜨린다면, 해야 할지 말아야 할지 흔들리는 상황에 서 있다면, 그때는 이런 질문을 스스로에게 던져보자.

"왜 나는 처음 이 일에 뛰어들었는가?"

"이 일은 올바른 것인가, 그른 것인가?"

이 질문에 답할 수 있다면 누구라도 다시 살아날 수 있다. 나아갈 길을 향한 자신만의 뜻, 그 기본이 바로 설 때 사람은 다시 태어나게 된다.

연필과 노트의
신기한 마법

내가 보는 세상과 다른 사람이 보는 세상은 과연 같은 것일까? 질문을 바꿔서, 과연 눈이 세상을 제대로 보고 있기는 한 것일까? 답은 '아니오'다. 실질적으로 사물을 인지하는 것은 두개골 속에 고이 모셔져 있는 뇌다. 정확하게 말하면 뇌에 눈이 달린 것이 아니므로 눈을 통해 들어온 사실을 뇌가 '인지'하는 것이다. 뇌는 과거 경험을 통해 사물을 판단한다. 눈으로 보는 것도 자기 마음대로 바꿔버리기도 한다. 가장 대표적인 것이 착시 효과다. 결론적으로 우리가 눈으로 보는 것이 모두 옳은 것도 아니며, 기억력도 믿을 만한 것은 아니다. 뇌는 편의에 따라 기억을 새롭게 만들어내고, 재구성하고, 왜곡한다. 우리에게 기록이 필요한 이유다.

영업에도 오답노트는 필요하다

성공하는 사람들의 실전노트에는 항상 메모, 기록이 들어간다. 나도 메모를 많이 하는 편이다. 단순히 오늘 해야 할 일을 기록하거나 우선순위를 정하기 위한 메모가 아니다. 현장에서 영업을 할 때는 '실패노트'와 '성공노트'를 썼다. 상당히 효과를 보았던 방법이기도 하다.

영업은 기획, 그리고 실행이다. 처음 무언가를 기획했을 때는 분명 잘될 것이라고 생각하고 진행한다. "이건 실패할 거야"라고 단정하고 일을 진행하는 사람은 없다. 프로모션도 그렇고, 거래처를 뚫을 때도 마찬가지다. 모든 일이 내가 의도한 대로 되면 좋겠지만, 사람들은 내 뜻대로 움직이지 않는다.

만약 내가 의도한 것과 달리 결과가 좋지 않다면 어떻게 해야 할까? 그저 "실패했네", "생각보다 결과가 좋지 않네" 하고 돌아서서는 안 된다. 왜 실패했는지에 대해 반드시 분석해야 한다. 트렌드를 잘못 짚었을 수도 있고, 타깃을 잘못 설정했을 수도 있으며, 해당 일과 관련된 사람을 잘못 관리했을 수도 있다. 혹은 내 태도에 문제가 있었을 수도 있고, 상대방을 설득시킬 논리에 구멍이 있었을 수도, 준비해 간 자료에 문제가 있었을 수도 있다. 이런 분석을 그냥 생각으로만 그치지 않고 노트에 써서 기록하고, 나중에라도 들춰보고 비교해볼 수 있도록 하는 것이다. 이렇게 문제를 파고들다 보면 100퍼센트는 아니어도 무엇이 잘못되었는지 문제점을 발견할 수 있다.

실패했을 때뿐만 아니라 성공했을 때도 마찬가지다. 그냥 "잘됐으니 좋다"라고 지나치기보다 왜 잘됐는지를 분석해서 메모해둘 필요가 있다. 그 방법을 다른 곳에 사용할 수도 있다. 그리고 같은 방식을 다른 곳에 적용했는데 실패했다면, 이번에는 왜 실패했는지에 대해 다시 메모하고 집요하게 분석하는 것이다.

성공노트를 쓰는 것도 실패노트를 쓰는 것만큼 중요하다. 처음 성공노트와 실패노트를 쓰다 보면 잘된 것보다 실패한 일들이 더 많을 수밖에 없다. 하지만 이를 계속하다 보면 노트 속에 기록된 일을 통해 많은 것을 배울 수 있게 될 것이다. 실패노트와 성공노트는 '실행과 결과의 기록'이다. 수학 공부를 할 때 풀지 못한 문항만 모아서 한 번 더 풀어보는 오답노트와 비슷하다. 스스로 영업력이 없다고 생각하는 사람도 이런 기록을 통해 분명 크게 성장할 수 있을 것이다.

기억보다 쓰기, 쓰기보다 지우는 사람이 이긴다

메모에서 또 하나 중요한 것은 지우는 일이다. 정리를 잘한다는 말에는 책상 정리처럼 주변을 깨끗이 하는 일도 포함되어 있지만, 일의 우선순위를 정해서 급히 처리해야 할 일과 중요하지만 뒤로 미뤄도 될 일, 나중에 해도 될 일 등의 순서를 정하는 것도 들어간다. 그리고 이를 실행하는 데는 메모가 반드시 필요하다. 또한 일을 진행하다 생긴 질문이나 아이디어도 메모를 해둬야 한다. 바쁘게 일하다 보면 궁금했던 일이나 풀어야 할 의문, 반짝하고 떠오른 아이디어를 잊어버리기 쉽다. 메모를 해두지 않으면 아주 좋은 아이디어와 내가 발전할 여지가 있었던 질문을 그냥 흘려보내고 만다. 기록해둔 질문에는 그에 대한 답을 찾고, 질문이 어떻게 개선되고 시행되었는지, 아이디어를 어떻게 실행했는지 등도 함께 기록한다.

한 스타트업 대표는 신입사원이 첫 출근을 하면 다이어리와 검정, 파랑, 빨강 등 세 가지 색의 볼펜을 건네며 자신만의 메모 작성법을 일러준다고 한다. 우선 좋아하는 색 볼펜을 골라 매일 해야 할 일을 적은 다음, 일을 하다가 생기는 추가 사항은 알아보기 쉽도록 다른 색의 볼펜으로 적는다. 그리고 그 일이 끝나면 빨간색으로 지우는 방식이다. 이는 그가 만들어낸 자신만의 메모법이다.

메모를 지운다는 것은 곧 실행을 의미한다. 메모를 1번부터 100번까지 해봐야 아무런 소용이 없다. 오늘 해야 할 일이 한 가지든 두 가지든 그것을 했느냐, 하지 않았느냐가 더 중요하다. 단순한 것은 X표를 하고 잊어버리면 그만이다.

이력서를 효과적으로 사용하는 방법

보통 이력서는 이직할 때만 쓰는 것으로 생각한다. 하지만 나는 1년에 한 번씩 이력서를 업데이트한다. 1년 동안의 실적이나 기고문 등 기록할 만한 가치가 있는 것을 쓰는데, 이렇게 이력서를 업데이트하다 보면 나를 반추해볼 수 있는 중요한 시간이 된다.

사람의 뇌는 단순해서 기록해두지 않으면 의외로 잘 잊어버린다. 당장 어제 누구를 만나 무엇을 먹었는지도 떠올리려면 잠깐 기억을 더듬어야 한다. 만약 이직할 때마다 이력서를 업데이트한다면 5년 만에 쓰게 될지, 10년 만에 쓰게 될지 알 수 없다. 더욱이 이력서를 써야 할 일이 바로 코앞에 닥쳤을 때 그동안 어떤 일을 했는지 떠올리기란 쉽지 않다. 그래서 결정적으로 뭔가 한 것은 간단하게라도 적어두었다가 1년마다 이력서를 업데이트하는 것이다. 이력서를 적으려고 하면 그동안 열심히 산 것 같은데 막상 쓸

만한 결과물이 없는 경우도 많다. 이럴 때는 스스로 반성하고, 그 새 나태해진 것은 아닌지 자신을 되돌아보기도 한다.

특히 현장에서 뛰고 있는 영업자라면 분기별로 이력서를 업데이트할 필요가 있다. 혼자 일하는 1인 셀러에게도 이력서 관리는 무척 중요하다. 필요 없다고 생각될 수도 있지만, 언제 어느 때 나의 이력이 필요할지 모르기 때문이다.

이력서는 간단하지만 효과적으로 자신을 돌아볼 수 있는 방법이다. 이력서를 업데이트를 할 때는 성과에 집중해서 기록해야 한다. 잡다한 것을 적어도 상관없다. 지우는 것은 쉽지만 다시 기억을 떠올리기는 쉽지 않기 때문이다.

"영업력은 누구에게나 있는가?"라는 질문에 분명히 답할 수 있는 것은 열정과 노력에 따라 가능하다는 것이다. 그리고 영업력을 키우는 방법 중 하나가 바로 메모고, 메모의 방식은 많다. 여기에서 제시한 방법으로만 한정 지을 필요도 없다. 별것 아닌 듯해도 생각과 기록은 분명히 다르다는 것을 인지하고, 자신에게 유의미한 메모법을 찾아내는 것이 중요하다.

목표는 멀리,
멘토는 가까이

소니에서 근무하던 당시 배울 점이 많다고 생각한 후배가 있었다. 듣기 좋은 말을 하는 후배가 아니라서 맞으면 맞다고, 틀리면 틀리다고 말하는 아주 진지한 친구였다. 지난해 외부 강의를 앞두고 준비하던 중 그 후배에게 물은 적이 있다.

"내 경험을 후배에게 들려줄 기회가 생겼는데, 네가 보기에 직장 선배로서 나는 어떤 장점을 가지고 있는 사람인 것 같으냐?"

그때 돌아온 대답은 "첫째, 메모를 많이 한다. 둘째, 남들보다 질문을 많이 한다"였다.

고민의 무게는 줄일 수 있는가

후배의 답은 스스로 깨닫지 못한 부분을 알게 해주는 계기가 되었다. 이처럼 내게 직접적으로 조언과 도움을 줄 수 있다면 누구나 멘토가 될 수 있다. 멘토가 있고 없고는 인생에서 내가 남들보다 한 발 더 빨리 앞서갈 수 있느냐 없느냐, 혹은 인생을 보다 농밀하게 살 수 있느냐 없느냐의 문제이기도 하다.

앞에서도 여러 번 이야기했지만, 영업은 쉽지 않은 일이다. 치열한 세계에서 사람들과 친분을 쌓아가며, 때론 강단 있게 자신이 목표하는 바를 향해 나아가야 한다. 그러다 보면 선택의 갈림길에 서게 될 때도 있고, 어려운 결단을 내려야 하는 경우도 있다. 만약 인생의 고비마다 믿을 수 있는 누군가의 조언이 있다면 가뭄 속 단비처럼 커다란 도움이 될 것이다.

그렇다면 과연 책이 멘토가 될 수 있을까? 이 말은 스티브 잡스나 워런 버핏 같은 사람을 과연 멘토라고 할 수 있을까라는 질문과 같다. 스티브 잡스가 롤모델일 수는 있지만, 내가 실제로 위기 상황에 닥쳤을 때 그에게서 이야기를 들을 수는 없다. 멘토 (mentor)란 '현명하고 신뢰할 수 있는 상담 상대, 지도자, 스승, 선생'이라는 의미다. 다시 말해서 멘토는 멀리 있는 사람이 아니라 내가 원할 때 만나서 대화를 나눌 수 있는 사람이어야 한다.

책은 인생의 방향을 결정하는 데 훌륭한 가이드 역할을 한다. 하지만 촌각을 다투는 결정을 내려야 할 때 마냥 책을 붙잡고 있을 수는 없는 노릇이다. 따라서 멘토는 세종대왕이나 이순신 장군처럼 뜬구름 잡는 사람이 아니라 나의 요청에 언제든지 응답해줄 수 있는, 손에 잡히는 가까운 곳에 있어야 한다. 물론 멘토가 꼭 연장자거나 한 명이어야 할 필요는 없다. 동료, 친구, 혹은 후배가 멘토가 될 수도 있으며, 1명 또는 10명이 될 수도 있다.

멘토의 역할

내게도 마음을 나눌 멘토가 있다. 1996년부터 알고 지냈으니 이미 20여 년 동안 알고 지낸 오래된 인연이다. 지금은 동원산업에서 유통본부장(상무이사)을 맡고 있는데, 이 선배는 가만히 있는 법이 없다. 끊임없이 무언가를 한다. 해양수산업과 관련 있는 동원산업은 변수가 많은 업종이다. 참치 매출을 100억 원으로 잡아두어도 자연적인 변수로 출항이 지연된다거나 개체 수가 줄어서 어획량이 줄어들면 매출 목표액을 맞출 방법이 없다. 어떻게 보면 핑계를 대거나 변명하기 아주 좋은 환경이다. 하지만 내가 롤모델로 생각하는 이 선배는 상황 탓을 하거나 수동적으로 매출을 올리는 법이 없다. 항상 영업 범위를 확장시키기 위해 끊임없이 기획하고 도전하며 능동적으로 대처한다.

동원산업에서 본부장을 맡은 지 3년여가 되었는데, 상품 개발부터 시작해 손을 대지 않은 곳이 없을 정도다. 참치는 양식이 어렵기 때문에 연어 시장을 의도적으로 키웠으며, 1회용 연어 샐러드를 론칭하는 등 무에서 유를 창조한다. 카테고리를 넓히기 위해 사전에 많은 준비를 하는 것은 물론이다. 동원산업 입장에서 보면 없던 매출이 발생한 셈이다. 이렇듯 적절한 균형 감각을 가지고 일하는 그 선배를 보면서 항상 내가 무엇을 해야 하는지 자극을 받는다.

돌이켜보면 이직을 포함해 해외 지사로 나가거나 새로운 사업을 구상하는 등 1년에 한 번은 항상 큰일을 겪었다. 이런 결정적인 순간에 나는 항상 스스로에게 물어본다. 과연 이게 맞는 길일까? 만약 이 일이 틀어졌을 때 내게 일어날 수 있는 리스크는 무엇이고, 잘되었을 때 주어지는 보상은 무엇인가. 이렇게 질문하다 보면 답이 구해지는 것이 있고, 아닌 것이 있다. 이럴 때는 주저 없이 멘토에게 도움을 구한다. 내 생각은 이런데 당신 생각은 어떤지 솔직하게 묻는다. 때로는 나와 같은 생각일 때도 있고, 때로는 나와 다른 답을 주는 경우도 있으며, 때로는 내가 생각하지 못했던 답을 들려주기도 한다. 물론 멘토가 이야기하는 대로 결론을 내리지는 않지만, 멘토로 인해 의사결정의 폭이 넓어지는 것은 분명하다.

1인 셀러라면 의견을 들을 수 있는 창구가 없고, 혼자서 고민하다 보면 의사결정의 폭이 좁아질 수도 있다. 그러니 질문을 통해서 방향을 평가해보고, 멘토에게 의견을 구해보자. 세상은 혼자서 살아가기에는 너무 험하고 치열하다.

세계에서 가장 오래 일하지만,
희망이 보이지 않는 나라.
열정페이를 강요당하고,
평생직장은 '사어(死語)'가 되어버린 현재.
그러나 팔 수 있으면 성공할 수 있다는 법칙은
여전히 살아 있다.
1인 셀러 시대, 어떻게 팔 것인가.

4장

어떻게 팔 것인가

'어떻게'보다
'어디로'가 먼저다

치열한 경쟁 속에서 과연 영업자는 '가치'를 팔 수 있을 것인가? 지금까지는 영업에 대한 인식이 얼마나 잘못되어 있고 저평가되었는지, 그리고 영업을 해보지 않은 사람이나 영업력이 없다고 생각되는 사람도 영업력을 키울 수 있는지에 대해 이야기했다. 하지만 가장 궁금한 것은 역시 '어떻게 팔 것인가'라는 질문의 답일 것이다.

커피 전문점 건물에 독서실을 오픈한 사장

직접 목격한 일이다. 그 동네에는 독서실이 없었다. 요즘처럼 학구열이 치열한 때 동네에 독서실(전통적인 형태의 독서실은 아니라도)이 없다니 신기할 법도 하다. 누군가도 그 사실을 인식했는지 한 건물 3층에 독서실을 오픈했다. 겉만 봐도 돈을 많이 들인 티가 났다. 그런데 그 건물 1층에는 프랜차이즈 커피숍이 있었다. 이 독서실은 어떻게 되었을까? 결론은, 망했다.

영업에서 방향성이란 아주 중요한 요소다. 한 회사가 프린터를 구매하려고 한다. 이 회사가 바라는 것은 원가를 낮추고 시간을 줄이는 프린터다. 이게 방향성이다. 영업자는 이 점을 캐치해서 거래처(소비자)에 어필해야 한다. 원가와 시간을 줄여주길 바라는 회사에 찾아가서 아무리 디자인이 좋다고 설명해봐야 이는 회사에도, 영업사원에게도 시간 낭비일 뿐이다. 영업이 성공할 확률은 현저하게 낮다.

독서실 사례가 그렇다. 최근 독서실의 경쟁 상대는 독서실이 아니다. 그 대상은 바로 프랜차이즈 커피숍이다. 학생이나 개인 사업자들이 달랑 커피 한잔 시켜놓고 오래도록 한자리를 차지하는 것 때문에 고민하던 커피 전문점들은 이제 언제든지 1인이 와서 공부할 수 있도록 좌석을 새롭게 바꾸고 있다. 소비자를 탓하기보다 환경의 변화에서 기회를 찾은 것이다. 1인이라도 좀 더 편하게, 좀 더 아늑하게, 좀 더 편리하게 느낄 수 있도록 방향을 틀었다. 아예 '공부 욕구가 샘솟는 ○○○점'이라는 플래카드까지 내걸며 1인 소비자를 유치하는 데 적극 나서고 있다.

독서실 주인은 결과적으로 '방향'을 잘못 잡은 것이다. 만약 프린터를 파는 영업사원이나 독서실을 연 주인이 거래처(소비자)가 원하는 방향을 정확하게 알았다면 당연히 그에 부합하는 제품을 준비했을 것이다. 그런데 그걸 꿰뚫지 못했기 때문에 전혀 엉뚱한 곳을 긁어댄 것이다.

현대상선의 유창선 사장은 해외 영업부터 컨테이너 사업까지 현장에서만 30여 년을 보낸 베테랑 사원에서 사장으로 승진했다. 2002년 유창선 사장은 삼성전자를 뚫기 위해 찾아갔으나 차갑게 문전박대를 당했다. 당시 삼성전자는 세계 1위 해운선사인 덴마크의 머스크사와 거래하고 있었지만, 문제가 되는 수송 일정과 비용 때문에 골머리를 앓던 중이었다. 여러 번의 문전박대에도 굴하지 않고 끈질긴 집념으로 삼성전자에 도전했던 유창선 사장은 결국 이 점을 찾아내 정확한 수송과 비용 절감이 가능한 방안을 제시함으로써 삼성전자와의 계약을 따내는 데 성공했다.

거래처(소비자)가 원하는 바를 알 수 있다면 그보다 더 쉬운 영업은 없다. 그러나 그것을 알아내기란 쉽지 않다. 유창선 사장이 삼성전자가 원하는 정확한 방향을 짚을 수 있었던 것은 평소 그가 현장에서 항상 거래처 직원의 소리에 귀를 열어놓았기 때문에 가능한 일이었다. 영업사원 시절, 유창선 사장은 현장에서 '해결사'로 통했다. 그저 몸만 찾아가서 영혼 없이 앉아 있다 온 것이 아니라 거래처의 영업 환경과 발전 방향을 함께 고민하며 방법을 찾았던 것이다. 가만히 앉아서 천 리를 내다보는 사람은 없다. 노력이 뒷받침되지 않으면 영업의 귀재도 없는 것이다.

모로 가도 서울만 가면 된다

로봇이 사람 일을 대신하고, 우주여행을 떠날 고객을 모집하는 시대에도 사람들은 여전히 성냥을 팔고, 이쑤시개를 판다. 겨우 성냥이나 이쑤시개라고 폄하할지 모르지만, 성냥은 여전히 사용되고 있고 이쑤시개 역시 우리나라의 고급 식당이든 동네 김밥집이든 대부분의 식당에 놓여 있다.

'가치'를 파는 데 있어 물건의 경중(輕重)은 중요하지 않다. 누군가는 그 이쑤시개를 팔기 위해 영업을 했을 것이다. 그리고 이쑤시개를 만드는 회사도 경쟁력을 키우기 위해 더 얇게, 더 단단하게, 더 깨끗하게 만드는 기술을 개발했을 것이다. 친환경적인 녹말로 만든 이쑤시개로 시장의 대변혁을 노리기도 했을 것이다. '무엇을 팔 것인가'라는 질문 앞에서 하찮다는 개념은 지극히 주관적이다. 팔 수 없는 물건은 없다, 단, 무엇을 팔든 거래처(소비자)가 원하는 방향이 아니면 성공의 길은 요원하다.

지금은 과거에 비해 경쟁 상대가 훨씬 다양해졌다. 자동차 시장만 해도 그렇다. 과거 자동차업체들은 자동차 완성업체만 상대하면 됐지만, 지금은 IT 기업은 물론 가전 회사까지 상대해야 한다(진공청소기로 유명한 다이슨은 전기자동차 생산에 2020년까지 27억 달러 이상을 투자하기로 했고, 세계 최대 가전제품 박람회인 CES에 자동차가 전시된다). 예전에는 경쟁 상대로 여기지 않았던 분야도 이익을 찾아 속속 다른 분야를 넘보고 있다. 어디서 경쟁자가 튀어나올지 모르게 된 것이다.

'모로 가도 서울만 가면 된다'는 속담이 있다. 방향이 뚜렷하면 길(방법)은 어떻게 되든 목적지에 도착할 수 있다. 나폴레옹이 군대를 이끌고 적국을 기습하기 위해 산을 올라갔다가 "이 산이 아닌가봐?"라고 했다는 식의 무모한 도전이 되지 않기 위해서라도 '무엇을 팔 것인가'보다는 '어떻게', 그리고 '어떻게 팔 것인가'보다는 '어디로'가 우선되어야 할 것이다.

'공감'하면
팔 수 있다

세상에 처음 출시된 휴대폰은 1983년 모토로라가 내놓은 다이나텍 8000X였다. 터무니없는 크기와 무게를 지닌 8000X는 덩치에 걸맞지 않게 8시간 충전하면 4시간 대기에 고작 30분을 통화할 수 있었다. 지금 시각으로 보면 어처구니없는 성능이다. 하지만 이 휴대폰의 당시 판매 가격은 3,995달러(약 433만 원)였다. 다이나텍 8000X를 가지고 있는 것 자체가 부의 상징이었던 것이다. 이후 휴대폰 시장은 한동안 모토로라 세상이었다. 1989년 세계 최초의 플립폰 마이크로택(MicroTAC)을 비롯해, 1996년 발매된 최초의 폴더폰 스타택은 휴대폰 시장에 한 획을 그었다는 평가를 받았다. 노키아는 1996년 휴대폰에 HP PDA를 결합한 최초의 슬라이드폰

171

노키아 8110을 출시하며 반격을 노렸다. 하지만 이때까지만 해도 휴대폰의 기능은 여전히 통화에만 머물러 있었다.

축소되는 카메라 시장, 나는 왜 후지필름에 뛰어들었나

스마트폰의 시작은 애플도 삼성도 아닌 PC 제조사 IBM이 만든 사이먼(Simon)으로 본다. 사이먼에는 전화 기능 이외에도 알람, 계산기, 메모장, 일정 관리 기능 등이 내장되어 있었다. 여기에 누군가 휴대전화에 카메라 기능을 넣으면 어떨까라는 아이디어를 생각해냈다. 일본의 교세라(KYOCERA)라는 제조회사였다. 그러나 교세라에서 출시한 VP-210에는 세계 최초라는 수식어가 붙지 않는다. 사진을 찍을 수 있고 이미지를 20장까지 보관할 수도 있었지만, 전화기 자체가 영상 통화를 위해 만들어진 것이기 때문이다. 세계 최초의 카메라폰은 샤프의 J-SH04라는 견해가 지배적이다. 이후 2000년 중반 RIM사의 블랙베리폰이 오바마 전 미국 대통령을 비롯한 얼리어답터들의 열광적 지지를 얻었지만, 대중화되지는 못했다. 그리고 2008년, 마침내 애플이 아이폰이 내놓으면서 휴대폰 시장의 판도는 완전히 뒤바뀌게 된다. 그 후부터 휴대전화 제조사들이 사진을 소구 포인트로 적용하기 시작한 것이다.

스마트폰에 탑재된 카메라의 화질이 점차 진짜 카메라 못지않게 좋아지면서 사람들은 카메라 없이도 충분한 용량과 화질의 사진을 찍을 수 있게 되었다. 스마트폰 시장이 커질수록 카메라 시장은 점차 축소되었다. 스마트폰이 카메라 시장에 직접적인 영향을 준다는 것은 데이터로 여실히 증명되었다. 이런 추세라면 카메라 시장은 형편없이 쪼그라들 수도 있었다. 이런 상황에서 내가 후지필름 입사를 선택한 이유는 딱 한 가지였다. 법인 설립과 함께 출시된 'X10'이라는 제품 때문이었다.

후지필름에 부사장으로 입사한다고 했을 때 주변 사람들은 내가 무모하다고 했다. '촉'이 떨어졌다고도 했다. 하지만 나는 카메라가 비록 큰 시장은 아니지만, X10 정도의 제품을 만드는 회사라면 도전해볼 만한 가치가 있다고 판단했다.

X10은 첨단 기능과 달리 외관은 30여 년 전 유행하던 아날로그 카메라처럼 생겼다. 요즘 카메라들은 기능성과 세련미를 강조하다 보니, 카메라가 아니라 수많은 전자기기 중 하나처럼 보이는 경향이 있다. 이런 다른 경쟁사의 일반적인 트렌드와는 달리 후지필름은 사진(필름)으로 성장한 회사다. 나는 사진을 찍는다는 활동 자체가 인간의 아날로그 감성에서 비롯된 것이라고 생각한다. 사진을 찍고 싶어 하는 마음도, 이왕이면 사진을 잘 찍고 싶은 마음도, 사진을 찍어서 누군가에게 보여주고 싶은 마음도 모두 감성적인 욕

구인 것이다. 따라서 세련되고 모던한 디자인도 좋지만, 아날로그 감성을 담은 디자인의 카메라가 훨씬 더 사람의 마음에 와 닿을 것이라고 생각했다. 후지필름의 X10은 카메라를 전자제품으로 볼 것이냐, 사진기로 볼 것이냐라는 기업의 시각 차이를 확실하게 보여주었다. 회사가 본질을 잃지 않고 있다는 확신이 들었던 것이다.

인간의 욕망이 향하는 곳, 그곳에 성공이 있다

애플 등 스마트폰 출시 후 카메라 시장은 매년 10~20퍼센트씩 축소되고 있다. 후지필름도 매년 10~20퍼센트씩 지속적인 감소세를 기록해왔다. 그러나 후지필름은 2015년 이후 국내는 물론 글로벌 시장에서 15~20퍼센트씩 성장하고 있다. 카메라 시장에서 현재 성장하는 브랜드가 없다는 점에서 주목할 만한 성과다. 후지필름의 전략이 먹혀든 것이다.

카메라의 판매 흐름을 살펴보면 수량은 과거보다 확실하게 줄었지만, 매출의 감소 폭은 수량이 줄어든 것보다 훨씬 적다. 이것은 무엇을 의미하는 것일까? 과거보다 고가의 제품이 많이 팔린다는 이야기다. 소위 '똑딱이'라고 하는 저가형 카메라는 이제 경쟁 포인트를 잃었다. 스마트폰과 비교했을 때 나은 점이 없기 때문이다. 소비자 관점에서 봤을 때 똑딱이 카메라와 스마트폰은 거의 성능이 같다. 똑딱이와 스마트폰을 동시에 가지고 있으면 카메라를 두 대 들고 다니는 것이나 마찬가지다. 이런 불편을 감수할 만한 혜택이 똑딱이에 없다면 당연히 소비자는 외면할 수밖에 없다. 그렇다 보니 똑딱이 시장은 거의 사라지고 없다. 국내에서도 더는 수입하지 않는 아이템 중 하나다.

그러나 스마트폰은 카메라 시장에 또 다른 변화를 불러왔다. 누구나 사진을 찍을 수 있게 되면서 다른 사람과 다른, 좀 더 좋은 사진을 찍고 싶어 하는 사람이 늘어난 것이다. 사진의 화질은 센서, 프로세서와 렌즈가 좌우한다. 스마트폰의 기술이 아무리 뛰어나도 크기를 키우지 않는 한 결코 구현할 수 없는 성능과 화질이 카메라에는 있다. 따라서 사진을 더 잘 찍고 싶어 하는 사람들은 스마트폰과 비슷한 화질의 저가 카메라보다는 전문가가 사용하는 고급 사양의 카메라를 찾게 된 것이다. 그러다 보니 판매 수량은 줄어도 매출액의 감소 폭은 그다지 크지 않다.

내가 후지필름을 선택한 것은 이런 소비자의 구매 패턴을 캐치했기 때문이다. 좋은 영업자가 되기 위해서는 인간을 이해해야 한다. 기술이 발전하고 경쟁이 심해질수록 인문학을 강조하는 이유가 여기에 있다.

소비자가 대신 팔아주는 영업의 기술

물건을 어떻게 팔 것인가의 첫 시작은 '공감'이다. 우리는 사용해본 제품이 정말 좋거나 영화나 드라마 등을 보고 정말 재미있으면 누가 물어봤을 때 "정말 좋아" 혹은 "정말 재미있어"라고 주저없이 선뜻 말한다. 이처럼 내가 공감하면 팔 수 있다는 '확신'이 생긴다. 확신이 생기면 자연스럽게 '자신감'도 생긴다. 상대방이 "아니던데, 재미없던데"라고 말해도 강하게 반발하며 왜 재미있는지에 대해 조목조목 설명한다. 그러면 상대방을 '설득'할 수 있다. 이것이 바로 영업의 시작이다.

영업은 "이 제품은 좋은 것입니다. 한번 사용해보세요"라고 상대방에게 이야기를 건네는 것이다. 그런데 만약 제품에 대한 공감이 없으면 자신감이 떨어지고, 자신감이 없으면 상대방을 설득할 수 없다. 이렇게 되면 내 경험상으로는 백전백패다.

공감이 어느 정도의 힘을 발휘하는지는 2017년도 비슷한 시기에 개봉한 영화 〈군함도〉와 〈택시운전사〉를 보면 알 수 있다. 〈군함도〉는 대세 인기남인 송중기를 비롯해 황정민, 소지섭 등 대스타들이 대거 출연했고, 흥행작 〈베테랑〉의 류승완 감독이 연출을 맡으며 상영 전부터 스포트라이트를 받았던 작품이다. 반면 〈택시운전사〉는 연기파 송강호가 주연을 맡기는 했지만 〈군함도〉에 밀려 상대적으로 관심이 덜한 작품이었다. 그러나 영화가 개봉된 뒤 판도는 180도 바뀌었다.

〈군함도〉는 개봉 후 영화관의 독과점 문제(2,100개)를 비롯해 감독의 역사 인식이 논란이 되면서 650만 관객을 동원하는 데 그쳤다. 〈택시운전사〉는 〈군함도〉와 개봉관 수(1,900개)가 크게 차이 나지 않았음에도 영화관 독과점 문제 등이 불거지지 않았고, 2017년 들어 첫 천만 관객을 돌파하며 최종 관람객 수는 1,200만 명으로 집계되었다. 손익분기점이 〈군함도〉는 800만 명, 〈택시운전사〉가 450만 명이었음에 비추어볼 때 〈군함도〉가 입은 타격은 상당할 것이다. 둘 다 역사의식을 다룬 영화지만, 관객이 공감할 수 있는 콘텐츠를 만든 〈택시운전사〉는 승승장구했다(〈택시운전사〉는 제38회 청룡영화상 작품상, 남우주연상, 음악상, 한국 영화 최다관객상 등 4관왕을 달성했다). 좋은 제품(영화)은 소비자(관객)의 공감을 얻으면 입소문을 타고 지속적으로 판매를 일으킨다. 능동적으로 사람을 불러 모으는 것은 결국 '공감'의 힘인 것이다.

물론 영업자가 100퍼센트 공감할 수 있는 제품만 만날 수 있는 것은 아니다. 배우가 항상 좋은 역만 맡을 수 없는 것과 같다. 배우가 캐릭터를 제대로 이해하지 못하면 배우와 캐릭터 사이에 괴리감이 생기며 극의 진행이 매끄럽지 못하다. 영업도 마찬가지다. 셀러가 물건에 100퍼센트 공감했을 때보다 영업을 하는 동인(動因)

이 확실히 떨어진다. 그렇다면 이 제품은 팔 수 없을까? 그것은 또 다른 문제다. 가짜 제품, 사기성 제품이 아닌 다음에야 회사는 분명 쓸모가 있는 제품을 만들 것이다. 100퍼센트 공감할 수는 없지만, 어느 지점에서는 공감할 수 있는 부분이 있을 것이다. 그 장점을 찾아내 소비자가 그 제품을 사야 할 이유를 만드는 것이다. 그리고 사람에 따라 다른 제품과 비교했을 때 이 제품이 별로일 수도 있다는 말을 솔직하게 할 수 있어야 한다. 단점과 함께 장점을 함께 언급하면서 소비자(거래처)가 그 제품의 '가치'에 동의할 수 있도록 설득하는 것이다. 그러면 그 제품은 팔 수 있다.

영업이란 누가 봐도 좋은 물건을 파는 일이 아니다. 세상에 성능도 좋고, 디자인도 예쁘고, 가격도 싼 제품은 그 어디에도 없다. 모두 다 약점을 가지고 있다. 사람들이 열광한 아이폰도 비싼 가격, 배터리 일체형이라는 약점을 가지고 있다. 이런 약점에도 불구하고 소비자가 지갑을 여는 이유는 그 약점을 상쇄하고도 남는 가치를 제품에서 보기 때문이다. 따라서 어떤 물건을 팔더라도 그 물건이 가지고 있는 약점을 상쇄시킬 수 있는 장점을 만들어야 한다. 그리고 그 장점을 가지고 설득해야 한다. 영업은 이 과정의 되풀이다.

해주세요 vs. 해보세요

내가 개인적으로 제일 싫어하는 말이 '팔아준다'라는 말이다. 어떤 대리점에서는 영업자에게 "그래, 팔아줄게"라고 말한다. 그럴 때마다 나는 "팔아주는 게 아니라 파는 거죠"라고 되받아친다. '팔아준다'는 말에는 귀찮지만, 혹은 싫지만, 너희를 위해 내가 애써 주겠다는 의미가 들어 있다. 이것은 잘못되었다. 물건을 팔면 제품을 만든 본사만 이익이 남는 것은 아니다. 거래처(대리점)도 물건을 팔아서 이익을 챙긴다. 본사를 위해 무료 봉사하는 것이 아니라 목적하는 바가 있기 때문에 파는 것이다. 밀어내기의 경우 영업사원이 부탁하는 상황이므로 대리점 입장에서는 '팔아준다'는 말을 사용할 수도 있다. 그러나 나는 밀어내기를 할 때조차 거래처가 "팔아줄게"라는 말을 하지 못하도록 해야 한다고 생각한다.

영업자 입장에서 "해주세요"와 "해보세요"라고 말하는 것도 마찬가지다. "해주세요"는 일종의 일방통행이다. 합당한 이유가 있는 것이 아니라 100퍼센트 부탁이 깔려 있다. 셀러라면 "해주세요"가 아니라 제품을 팔아야 하는 이유를 만들어 "해보세요"라고 말할 수 있어야 한다. '주'와 '보', 한 글자 차이지만 이 말이 내포하고 있는 의미는 하늘과 땅 차이이다. 말로는 쉬워도 합당한 이유를 만들어야 하기 때문에 결코 쉽지 않은 일이다.

가령 회사에 재고가 많은 제품이 있다. 회사에서는 재고를 털어내야 한다. 회사는 제품을 팔아야 할 이유가 있지만, 대리점 입장에서는 제품을 받아야 할 이유가 없다. 그러면 둘 간에 접점을 찾기 힘들다. 만약 회사에서 약간 손해를 보더라도 재고를 털어내려고 한다면 가격을 낮추거나 마진율을 높여주는 식으로 조정해서 거래처와 접점을 찾을 수 있다. 이럴 때는 회사 내부의 영업을 통해 그들이 만족할 만한 가격을 찾아내야 한다. 회사 내부에서 승인을 해줘야 대리점에 제안을 할 수 있기 때문이다. 만약 회사에서 OK가 떨어지면 대리점에 "해주세요"라고 부탁하지 않아도 된다. "이렇게 팔면 돈 벌 수 있을 겁니다. 해보세요"라고 하면 된다. 내부 영업의 성공이 외부 영업의 성공으로까지 이어지는 것이다. 이처럼 내부와 외부를 잘 조절해가며 적절하게 교집합을 만드는 것도 영업맨이 해야 하는 일이다.

시간이 지나도 변하지 않는 것

최근 유난히 항공사 '갑질' 문제가 많이 터졌다. 미국 3대 항공사인 델타항공과 유나이티드항공은 각각 유아 시트를 핑계로 두 살 난 아이를 데리고 탄 부부를 쫓아내는가 하면, 오버부킹이 됐다는 이유로 기내에 착석한 아시아계 고객을 강제로 끌어내는 폭력을 행사하기도 했다.

이런 거대 항공사들의 갑질 행태와 달리 미국의 저가 항공사 중 하나인 사우스웨스트항공은 미국 고객만족지수(ACSI) 항공사 부문에서 항상 상위권을 차지하고 있다. 사우스웨스트항공의 '재미', '유쾌함'을 기반으로 한 성공 전략은 이미 유명하다. 고객이 예상하지 못하는 깜짝 이벤트를 벌이는가 하면, 스튜어디스가 고객의 지루함을 덜어주기 위해 경쾌하게 노래를 부르기도 한다. 비상 상황을 대비한 안전 교육에 퍼포먼스를 곁들이는 등 탑승객을 위해 다양한 즐거움을 제공하기 위해 노력한다. 사우스웨스트항공이 면접을 볼 때 정장을 입고 나타난 지원자들에게 반바지를 주면서 갈아입을 것을 권한 뒤 그에 응하지 않는 지원자들을 정중하게 돌려보냈다는 일화도 항공사의 이런 기본 철학에서 나온 것이다.

저가 항공사인 사우스웨스트항공의 비행기는 좌석이 좁고 식사 메뉴가 다른 항공사에 비해 떨어지는 등 단점이 분명 있을 것이다. 그러나 이런 단점에도 불구하고 소비자에게 '재미'라는 장점을 제공한다. 사우스웨스트항공이 제공하는 가치에 공감하는 소비자가 늘어날수록 이 항공사를 찾는 사람은 더욱 많아질 것이다.

서점 혁명을 일으킨 츠타야 서점도 마찬가지다. 창업자 마스다 무네아키 회장은 서점을 책만 파는 공간으로 보지 않았다. 지식의 지평을 넓히는 체험 공간으로 보았다. 요리 서적 옆에는 책에 등장하는 식기와 조미료를 함께 전시하고, 요리와 어울리는 와인도 함께 진열한다. 음악 서적 코너에는 음반을 함께 전시해 독자들의 지적 호기심을 자극한다. 서점 유리창 너머에는 정원이 있고, 날갯짓하는 새도 있고, 책을 읽다가 배가 고프면 레스토랑에서 식사를 할 수도 있다. 모든 것이 소비자와 공감하고 소통하기 위해 마련된 장치들이다.

영업은 변하지 않는 활동이다. 과거에도 있어왔고, 현재에도 있으며, 자동차가 하늘을 날아다니는 미래에도 있을 것이다. 영업은 팔겠다는 신념이 있어야 성공 가능하다. 공감은 팔겠다는 신념이 자연스럽게 생기도록 만드는 가장 기본이 되는 요소다. 내가 확신이 없는 상태에서 말을 하는 것과 확신이 넘친 상태에서 이야기를 하는 것은 말하는 사람은 물론 듣는 사람에게도 영향을 미친다. 열정의 크기에서부터 확연하게 차이가 나기 때문이다. 내가 공감할 수 있는 점을 발견할 것, 영업 활동의 가장 기본이 되는 요소다.

'매트릭스' 세계의 힘

《백만장자들의 일곱 가지 비밀》을 쓴 영국의 스튜어트 골드스미스는 그의 첫 번째 저서 《미다스 메소드》에서 성공을 100퍼센트로 보았을 때 25퍼센트는 '원하는 것을 소유할 만한 가치가 있는 사람'이라는 긍정적인 자아 이미지를 갖는 것이고, 25퍼센트는 '목표를 달성할 수 있다는 믿음', 25퍼센트는 '자신이 원하는 바를 정확히 아는 것', 나머지 25퍼센트는 생각을 실행에 옮기는 '실천력'이라고 했다. 소니를 그만두었을 때 읽었던 《미다스 메소드》는 내게 많은 영감을 주었고, 의사결정을 하는 데 많은 도움이 되었다. 스튜어트 골드스미스가 말한 성공을 분석해보면 결국 성공의 75퍼센트는 생각, 믿음과 관련이 있다는 것을 알 수 있다.

믿음이 만들어내는 성공

　록앤롤의 '김기사'라는 내비게이션을 기억하는 사람이 많을 것이다. 한때 '국민 내비'로 불렸던 벤처 기업 내비게이션이다. 김기사가 서비스되던 초기, 이 신흥 경쟁자가 신경 쓰였던 한 대기업은 록앤롤에 인수를 제안했다. 당시 록앤롤은 재정적으로 힘든 상황이었지만 인수 제안을 받아들이지 않고 더 큰 그림을 그렸다. 그 근간에는 기술에 대한 믿음이 깔려 있었다. 위기를 믿음으로 버틴 록앤롤은 2015년 다음카카오에 626억 원에 인수되었다. 록앤롤이 힘든 상황을 버틴 힘은 '잘될 거야'라는 믿음이었다. 만약 자기 기술에 대한 믿음이 없었다면 결코 위기를 이겨낼 수 없었을 것이다.

　1인 기업과 대기업이 공생·공존하는 시대다. 대기업이 아이디어를 가진 1인 기업을 통해 사업을 확장한다. 만약 카카오가 자체적으로 기술을 개발하려고 했다면 김기사에 들인 투자비보다 훨씬 더 큰 기회비용을 잃었을지도 모른다. 하지만 김기사를 인수함으로써 내비게이션을 사용하는 O2O 비즈니스에 공격적으로 뛰어들 수 있었고, 이를 통해 다른 사업으로의 확장 기반을 마련할 수 있었다.

말이 씨가 되고, 씨는 뿌리를 내린다

먹고사는 일에 급급해진 현대인들은 꿈을 잃어버렸다. 취업준비생 3명 중 1명이 공무원이나 공공기관 입사 준비를 하고 있는 것을 보면 꿈 자체가 '먹고사는 일'에 갇혀버린 것 같아 안타깝다. 사람들의 꿈이 사라져버린 것은 사회구조에서 기인하는 바가 크지만, 우리가 지나치게 현실에 매몰되어 있는 것은 아닌지 한번쯤은 생각해볼 문제다. 간혹 창업한 사람 중 "월세나 벌 수 있으면 좋겠다"고 말하는 사람들이 있다. 진심으로 월세만 벌어도 만족한다면 모를까, 대부분은 진짜 속내가 아닐 것이다. 월세보다는 훨씬 더 많이 벌고 싶을 것이다. 자신이 없으니 그렇게 말하는 것이다.

'말이 씨가 된다'는 말이 있다. 말은 씨를 뿌리고, 씨는 뿌리를 내려 생각을 만든다. 뿌리를 내린 생각나무에서 열릴 수 있는 것은 결국 말한 만큼의 열매다. 자기 꿈(목표)에 대한 믿음이 분명해야 그에 따른 성공도 이룰 수 있다. "생각하는 대로 살지 않으면 사는 대로 생각하게 된다"는 프랑스 소설가 폴 부르제의 유명한 말은 '목표'와 연관이 깊다. 가야 할 곳을 모른다면 제자리를 빙글빙글 돌 수밖에 없기 때문이다. 특히 영업을 하는 사람이라면 자신이 어떤 꿈을 가지고 있는지 찬찬히 돌아볼 필요가 있다.

생각으로 원하는 것을 얻을 수 있을까

영업에서는 상대에 대한 신뢰도 중요하지만 나에 대한 믿음도 중요하다. 나는 내가 원하는 꿈을 이루는 상상을 자주 한다. 성공한 나의 모습을 상상하는 것이다. 작은 목표도 마찬가지다. 중요한 협상이 있으면 협상이 성공적으로 끝난 뒤 문을 열고 나서는 내 모습을 상상한다. 단순히 성공한 순간만을 상상하는 것이 아니라 협상에서 어떤 이야기가 오갈지를 구체적으로 이미지화한다. 가령 '상대는 10퍼센트 마진 인상을 요구하겠지. 그럼 나는 2퍼센트를 줄 테야'라는 식이다. 이런 말들이 오가기 위해 나누게 될 대화까지 아주 디테일하게 상상한다. 그리고 2퍼센트로 확정된 뒤 회의실을 나서는 나를 상상하는 것이다. 이미지는 구체적일수록 좋다. 그래서 당일에 협상을 나누게 될 회의실과 비슷한 곳을 일부러 찾아가 상상하기도 한다. 그러면 딱 2퍼센트까지는 아니더라도 비슷하게 협상이 이루어지는 경우가 많다. 내게 이 방법은 확실히 효과가 있었다.

영화 〈매트릭스〉(1991)는 인공지능에 지배당한 인간이 가상현실에 살면서 기계에 에너지를 제공하는 도구로 전락한 상황에 대한 이야기다. 진짜보다 더 진짜 같은 매트릭스 세계의 위력은 대단하다. 각성하기만 하면 전지전능한 신이 될 수도 있다. 그렇기에 그

곳이 가짜임을 알고도 돌아가려는 사람이 있다. 영화에서 가상현실을 경험한 네오가 고층 건물에서 떨어지고 난 뒤 현실로 돌아와 상처를 입은 자신을 보며 "진짜가 아니라더니 왜?"라고 모피어스에게 묻는다. 그러자 모피어스는 이렇게 대답한다.

"생각이 진짜를 만들지(Your mind makes it real)."

자신의 머릿속에 매트릭스를 만들어두고 중요한 사안이 생길 때마다 그 세계로 들어가자. 그리고 리얼하게 상상해보라. 이미 이런 생각의 힘은《꿈꾸는 다락방》,《시크릿》등의 책을 통해서도 증명되었다.

'생각의 힘'을 최초로 역설했던 영국 작가 제임스 앨런은 "당신이 이루거나 이루지 못하는 것들 모두는 당신이 품은 그 생각들의 직접적인 결과물이다. 오늘 당신은 당신의 생각들이 데려다준 그곳에 있고, 내일 당신은 당신의 생각들이 데려다줄 그곳에 있을 것이다"라고 했다. 나를 믿을 것, 그리고 상상할 것. 어차피 돈 드는 일은 아니다. 속는 셈 치고 꼭 한번 도전해보기를.

목표에 도달하는
루트를 찾아라

1인 셀러, 영업자들에게 성공이란 물건을 많이 파는 것이다. 무
조건 많이 팔겠다는 것은 목표가 될 수 없다. 적정한 수치가 있어
야 한다. 그리고 그 수치의 달성 여부에 따라 목표를 세밀하게 다
시 조정해야 한다. 1인 셀러가 처음부터 무리하게 100억, 1,000억
원의 매출을 올리겠다고 목표를 설정해도 달성 가능성은 '0(zero)'
이다. 문제는 목표에 도달하는 루트를 찾는 것이다.

여행을 가려고 생각을 한다. 최종 목표는 평소에 늘 가보고 싶었
던 울릉도다. 울릉도에 가겠다고 목표는 세웠지만 강릉에서 배를
탈 것인지 목포에서 탈 것인지, 항구까지는 버스를 탈 것인지 자동
차를 몰고 갈 것인지, 항구에 도착하기까지 다른 관광지를 들를 것

인지 등 세부 사항을 정하지 않으면 울릉도는 평생 가보고 싶은 여행지로 남을 수밖에 없다. 영업도 마찬가지다. 목표는 구체적이고, 세분화되어야 한다. 그리고 캐리어를 끌고 밖으로 나가야 목적지에 도달할 수 있다.

눈앞의 성공에 집중하라

장을 보러 갈 때 사야 할 목록을 미리 작성해두면 충동구매를 할 확률은 현저히 낮아진다. 인생에서도, 영업에서도 목표를 정할 때는 이를 완성시켜줄 명확하고 세부적인 리스트를 만드는 것이 중요하다.

대부분의 회사들은 모델별, 대리점별로 계획을 세운다. 가령 한 달 매출 목표가 100억 원이라면 A라는 제품을 B라는 대리점에 몇 개, C라는 대리점에 몇 개 판매하겠다는 식이다. 하나하나의 제품이 하나하나의 대리점에 해당하는 숫자만큼 팔리면 전체 목표를 달성할 수 있다.

목표를 세울 때는 뭉뚱그려서 만드는 것이 아니라 디테일한 실행 목록이 있어야 한다. 100억 원이라는 매출 목표를 잡아도 무엇을 어디에, 어떻게 팔 것이라는 세부적인 목표가 없으면 공염불에 지나지 않는다. 가게나 인터넷 쇼핑몰, 블로그 등을 운영하는 1인 셀러도 마찬가지다. 매출 목표액을 세우고, 그것을 달성하기 위한 방안을 세부적으로 짜야 한다. 만약 목표를 너무 쉽게 달성했다면 그것은 목표가 잘못된 것이다. 이런 경우는 한계를 높여야 한다. 자신을 너무 과소평가하는 것도 잘못이다.

큰 목표를 세우고 세부적인 방안을 마련했다면 멀리 있는 목표는 잠시 접어둔다. 그리고 바로 눈앞에 있는 성공에 집중한다. 바로 눈앞에 흩어져 있는 빵 부스러기를 먹으며 앞으로 더듬어나가면 큰 빵 덩어리를 만날 수 있는 것처럼, 손에 넣을 수 있는 작은 성공부터 하나씩 이루면 멀리 있는 목표에 도달할 수 있다. 작은 성공을 거듭해 100억 원의 매출 목표를 달성했다면 그다음에는 카테고리를 늘려 110억 원, 120억 원으로 확장해나간다. 100억 원이라는 금액만 보면 엄두가 안 나지만 1억 원, 5,000만 원으로 하나하나 쪼갠 계획은 이루기 쉽다. 작은 성공을 이룬 뒤 확장해서 다시 작은 성공을 이루다 보면 커다란 성공도 함께 따라온다. 포도 알 하나는 작지만, 그 작은 알들이 모여 탐스러운 포도 한 송이가 되는 것과 같다.

간혹 영업사원에게 그달의 매출 목표를 물어보면 회사의 목표액은 물론 자신이 할당받은 매출이 얼마인지도 모르는 경우가 있다. 이런 영업사원은 목표를 달성할 가능성이 거의 없다. 자신이

190

1인 셀러의 시대 - 어떻게 팔 것인가

압구정을 가야 할지 광화문을 가야 할지 모르는데 목적지에 우연히 도착할 확률이 없는 것과 같다. 그런데 현장에는 의외로 이런 사람이 상당히 많다.

계획과 결과가 같을 수 있나

유니마케팅을 운영할 때다. 한 회사의 요청을 받아 제품 판매를 위한 마케팅 전략 수립을 컨설팅한 적이 있다. 그 회사는 재고를 털어내고 싶어 했다. 나는 가격 책정부터 시작해서 홍보, 영업 단계 등 기획은 물론 매출 목표량을 달성하는 데 시간이 어느 정도 걸릴 것인지까지 계산해서 건네주었다. 그러자 그 회사는 유니마케팅에서 직접 팔아주면 안 되겠느냐며 다시 제안을 해왔다. 아마 그런 식으로 일을 해본 적이 없기 때문에 계획서를 들고 막막했을 수도, 못 미더웠을 수도 있다. 컨설팅만 맡았기 때문에 직접 제품을 판매할 필요는 없었지만, 성과를 보여주기 위해 그 일을 맡아 진행했다. 결과는 계획한 대로 비슷하게 나왔고, 컨설팅을 요청했던 회사는 계획서대로 착착 실행되는 것을 보고 유니마케팅을 높이 평가해주었다.

계획하고 실행하는 데는 일치감이 있어야 한다. 계획과 실행치가 비슷하게 가야 하는 것이다. 계획은 10대를 팔 것이라고 화려하게 세웠는데, 결과는 그와 전혀 다르게 1~2대로 나와서는 곤란하다. 10대라고 계획했다면 최소한 7~8대는 팔려야 한다. 계획을 계획으로만 평가받기 위해 세워서는 안 된다. 계획과 실행은 매치되어야 한다. 만약 계획대로 팔리지 않았다면 앞서 이야기한 것처럼 왜 실패했는지에 대해 그 시점으로 돌아가 묻고, 또 물어야 한다.

쉬운 매출의 함정

다이어트를 할 때 "이제부터 3개월 동안 5킬로그램 감량에 들어갑니다. 도와주세요"라고 선언하고 주변 사람들에게 도움을 요청하면 사람들도 함께 신경을 쓰고, 목표를 선언한 당사자도 책임감이 생겨서 끝까지 이루고자 하는 의지가 생긴다. 영업에서도 자신의 목표를 공개하고 선언하는 것도 좋은 방법이다. 가령 10억 원을 목표로 한다고 했을 때 어떤 식으로 10억 원이라는 목표를 달성할지 계획한다. 그리고 그 계획, 혹은 숫자를 주변에 이야기한다. 이렇게 공개 선언을 하면 다이어트 선언을 한 것처럼 끝까지 해내고자 하는 의지가 생긴다. 물론 말로만 그쳐서는 곤란하다. 목표를 향해 제대로 가고 있는지 중간 점검을 하는 것도 중요하다.

그래야 도중에 길을 잃고 헤매는 일 없이 목표 지점에 제대로 도달할 수 있다.

목표를 달성했다면 그 자체에 만족하지 말고, 목표를 달성한 시점으로 다시 돌아가보는 것도 중요하다. 목표가 달성되기까지 자신이 어떤 식으로 일했는지 역으로 되짚어보는 것이다. 그렇게 차근차근 하나씩 해나가다 보면 방법이 보인다. 만약 너무 쉽게 목표치를 달성했다면 그것은 자신을 너무 과소평가했거나 시장 상황을 잘못 판단하는 등 목표 자체가 잘못되었다는 의미다. 이런 경우에는 목표치를 조정해야 한다.

여기서 또 한 가지 중요한 것이 있다. 대리점 영업을 전제로 한다면, 마지막 주 매출은 진짜 매출이 아니라고 인식하는 것이다. 매출은 3주 안에 마무리하고 남은 1주는 다음 달을 위해 사용해야 한다. 그래야 쫓기지 않고 매출 목표량을 달성할 수 있다. 브랜드 중 밀어내기를 많이 하는 곳은 1~3주까지 매출이 별로 없다. 그리고 마지막 주에 매출이 몰린다. 이런 형태가 지속될 경우 대리점 입장에서는 직접 나서서 물건을 매입할 이유가 사라진다. 가만히 있어도 브랜드에서 마지막 주가 되면 이벤트를 준비하거나 마진율을 높여서 대리점을 찾을 것을 알기 때문이다. 이런 식으로 밀어내기가 습관화되면 영업사원은 3주 동안 놀다가 마지막 1주 동안 밀어내기 한두 번으로 매출 목표를 맞추고는 쉽게 매출을 올렸다고 좋아한다. 대리점도 밀어내기에 길들여지면 마냥 두 손 놓고 기다리게 된다.

그러나 이는 정상적인 과정이 아니다. 밀어내기를 한 제품이 정상적으로 팔리면 좋지만, 그렇지 않을 경우 부작용도 심각하다. 대리점 입장에서는 현금을 돌려야 하기 때문에 무리해서 팔게 되고, 그러다 보면 시장 자체에 대미지(damage)가 발생한다. 남양유업 사태처럼 사회적으로 문제가 되는 영업 방식이 바로 이런 케이스에 속한다. 밀어내기는 습관이다. 한번 중독되면 끊기가 쉽지 않다.

인생의 목표가 정년퇴직인 사람들

사회에는 어떻게든 회사에서 끝까지 버텨서 60세를 채우자고 생각하며 직장 생활을 하는 사람도 있다. 이들의 최종 목표는 정년퇴직이다. 하지만 나는 인생의 최종 목표가 정년퇴직이 되어서는 안 된다고 생각한다. 이런 생각은 회사는 물론 개인에게도 독이다. 본인의 발전을 위해 노력하지도 않을뿐더러 책임져야 하는 일을 하려 들지 않을 가능성이 크기 때문이다. 의사결정을 내리거나 책임을 져야 하는 일에는 리스크가 따른다. 하지만 정년퇴직이 목표인 사람은 굳이 리스크를 안고 사고 칠 일을 하지 않는다. 발전이 있을 수 없다.

100세 시대다. 이제는 정년에 대한 개념도 바뀌어야 한다. 우리나라의 평균 은퇴 연령은 남자 55세, 여자 47.3세다(2017년 기준, 유로스타트). 은퇴 후 살아온 만큼은 아니더라도 30년은 더 산다고 생각해야 한다. 단순히 생각하면 20~25년 동안 벌어둔 돈으로 남은 30년을 살아야 한다. 그런 측면에서 직장이 아닌 직업의 개념을 생각해봐야 하고, 회사 이후의 삶에 대해서도 고민해야 한다.

나는 후지필름 부사장으로 입사할 때 세 가지 목표가 있었다. 첫째, 이익이 나는 회사를 만들 것. 둘째, 이익이 난 부분을 직원에게 돌려줄 것. 셋째, 비정규 직원을 모두 정규직으로 만드는 것이었다. 첫 번째 목표를 달성하는 데는 2년이 걸렸다. 법인 설립 후 초기 투자에 대한 리스크와 시행착오의 시간을 견뎌야 했다. 부진을 딛고 3년 차에 접어들면서 이익이 나기 시작했고, 금액의 많고 적음에 관계없이 직원들에게 인센티브도 지급하게 됐다. 그동안 비정규직이던 직원도 여러 명 정규직으로 전환했다. 현재 회사 직원 모두가 100퍼센트 정규직이 아니므로 목표를 이룬 것은 아니지만, 이 목표는 여전히 현재 진행형이다. 그러나 반드시 이루어낼 것이다. 단, 이 모두가 나의 목표 달성 이전에 후지필름에서 함께 일하고 있는 모든 구성원들의 노력이 빚어낸 결과라는 점은 분명히 해두고 싶다.

개인적인 목표도 있었다. 첫째, 사장이 되는 것. 둘째, 책을 내는 것. 셋째, 발간한 책을 가지고 대학에서 '영업'에 대해 학생을 가르치는 것이었다. 첫 번째 목표는 이루었고, 지금 책을 쓰고 있으니 두 번째도 이룬 셈이다. 책이 발간되면 세 번째 목표를 이루기 위해 차근차근 단계를 밟아갈 것이다. 물론 책 한 권 낸다고 해서 나에게 강의를 요청하는 대학은 없을 것이다. 그래서 나는 종종 내가 만든 목표 리스트를 들고 매트릭스의 세계에 침잠한다. 어떤 학교를 컨택트할 것인지, 학생들 좌석 배치는 어떻게 할 것인지, 출석은 어떻게 부를 것인지, 한 학기가 끝난 후 학생들이 하고 싶은 것을 하나씩 성취하게끔 하기 위해 어떤 커리큘럼을 짤 것인지 등을 상상한다.

정말로 이루어질지 아닐지는 알 수 없다. 그러나 나는 이런 구체적인 계획을 메모하면서 상상하는 것이 즐겁다. 목표 없이 되는 대로 사는 것보다는 내가 하고 싶은 일을 계획하고, 하나씩 실행하다 보면 꿈이 이루어질 확률이 훨씬 커질 것을 알고 있기 때문이다.

목표가 있어도 실현하는 방법을 모르는 사람이 많다. 혹은 일확천금을 노리기도 하고, 헛발질을 하는 경우도 있다. 목표에 도달하기 위해서는 점프해서 한 번에 목적지에 닿으려고 하기보다 한 걸음 한 걸음 앞으로 나아가는 것이 중요하다. 그러다 보면 확실하게 목적지에 닿을 수 있다. 작은 물방울이 모여 큰 강을 이루고, 민들레 홀씨가 큰 숲을 이루는 것처럼 작은 성공이 모여 커다란 성공으로 이어지는 법이다. 살다 보면 폭풍우가 칠 때도 있고, 햇빛이 비칠 때도 있다. 어떤 상황에서도 키를 쥐고 있는 것은 자신이라는 것을 잊지 말아야 한다. 그리고 어둠 속에서도 등대를 향해 묵묵히 나아가는 선장처럼 목표를 향해 나아가다 보면 결국 항구에 도착하게 될 것이다.

질보다 '양',
경험 자산의 축적

해운 회사를 다니다 24세의 젊은 나이에 전자 회사를 창업(1975년)해 '세계 전자업계 최대의 하도급 업체'라 불리는 폭스콘을 일군 대만 훙하이그룹의 궈타이밍 회장은 저돌적인 성격으로 유명하다. 그를 세계 제일의 영업맨으로 꼽는 데는 이유가 있다. 1980년대 PC와 전자 산업이 빠른 속도로 변화하고 있을 때 궈타이밍 회장은 미국으로 건너가 차 한 대를 빌린 다음 11개월 동안 미국 전역을 돌며 영업을 했다. 모텔을 전전하기도 하고, 돈을 아끼기 위해 차 뒷좌석에서 쪽잠을 자기도 했다. 약속을 정한 것도 아니고, 막무가내로 찾아가 싸고 좋은 부품을 공급해주겠다며 영업을 했다. 그들의 니즈를 정확히 꿰뚫어본 덕분에 미국 기업들은 잇달

아 훙하이에 주문을 하기 시작했다. 또 일찌감치 중국이 세계의 조립 공장이 될 것으로 예상한 궈타이밍 회장은 다른 기업이 말레이시아, 필리핀, 태국으로 나갈 때 중국에 세계 최대의 폭스콘 공장을 짓고, 자체 방송국과 소방서, 병원 등을 갖추었다. 그 결과 훙하이그룹은 컴팩, IBM, HP, 애플 등의 일감을 싹쓸이했으며, 현재 중국의 폭스콘 공장에서는 45만 명의 근로자가 일하고 있다.

바보야, 문제는 실행이야

대만의 궈타이밍 회장과 비슷한 케이스는 많다. '개통령'이라 불리는 보듬컴퍼니의 강형욱 대표도 그런 케이스 중 한 명이다. 개 농장을 하는 아버지 밑에서 자라 어릴 때부터 개를 가까이했던 강형욱 대표는 반려견 훈련사가 되기로 했다. 하지만 우리나라의 강압적인 훈련 방식에 거부감을 느꼈고, 외국에서는 어떻게 반려견을 훈련시키는지 궁금해졌다. 군대를 제대한 강형욱 대표는 두 달간 밤낮으로 막일을 해 목돈을 만들어 무작정 호주로 날아갔다. 고물 차 한 대를 사서 호주 전역을 돌며 훈련소에 메일을 보내고, 전화도 했지만 영어도 잘 못하는 아시아의 훈련사를 써주는 곳은 없었다. 포기할 법도 했건만 강형욱 대표는 오히려 더 강하게 나가기로 했다. 직접 찾아가기로 한 것이다. 이런 시도로 결국 한 달 반 만에 훈련소에 취직한 강형욱 대표는 나중에는 현지 훈련소에서 계속 있어달라고 붙잡을 정도로 실력을 인정받게 된다. 자신이 원하는 바를 얻기 위해 몸을 사리지 않았던 강형욱 대표는 지금 국내에서 최고로 꼽히는 반려견 훈련사로 활동하고 있다.

요즘은 아이디어 하나만 있어도 제품으로 진화를 할 수 있고, 그 제품이 다양한 마케팅을 통해서 소비자에게 인식될 수 있다. 여기서 핵심은 '실행'이다. 아이디어를 실천하느냐 안 하느냐로 성공이 판가름 나는 것이다. 하지만 많은 사람이 아이디어가 있어도 행동으로 옮기는 것 자체에 저항감을 느낀다. '과연 이게 될까?', '누가 이런 데 투자를 할까?', '받아줄까?', '괜한 헛고생을 하는 것은 아닐까?'라며 제풀에 포기한다. 이런 사람의 특징은 항상 평계를 대는 것이다. 기회가 다가와도 지금은 자금이 없어서, 좋은 장소가 없어서, 다른 일을 하고 있어서라며 평계를 댄다. 어쩌다 시도를 해도 실패하면 자금이 조금만 더 많았더라면, 좀 더 좋은 인테리어였다면, 좀 더 목이 좋은 곳이었다면 대박이 났을 텐데 하고 외부에서 요인을 찾는다.

최근 프리미엄 서비스가 늘어나면서 '양보다 질'이라고 하지만, 영업의 영역은 다르다. 다양하게 시도를 하면 좋은 질의 결과를 만들 수 있다. 폭스콘의 궈타이밍 회장이나 강형욱 대표처럼 말이다.

영업에서 질적인 추구를 하면 오히려 확장이 늦어지거나 아예 못할 수도 있다. 여러 가지 열린 가능성이 있다는 전제하에 다양한 시도를 하다 보면 그것이 곧 확장으로 연결되는 경우가 훨씬 많다.

자신을 한계에 가두지 마라

성공하는 사람은 자신에게 한계를 두지 않는다. 다른 사람이 볼 때 '저런 것까지……', '저렇게까지……'라는 생각이 들 정도로 계속 시도하다 결국 성공에 도달한다. 지인 중에 달걀 찌는 기술을 가진 일본 회사의 한국 진출을 도와준 사람이 있다. 달걀노른자가 젤리처럼 쫀득쫀득해지도록 찌는 기술을 보유한 회사였는데, 이 회사는 한국에 공장을 세우고 싶어 했다. 지인은 본래 양계 쪽과는 전혀 관련이 없었지만 중간에서 일을 성사시켰고, 5년간 달걀이 하나 팔릴 때마다 10원의 이윤을 받기로 계약을 체결했다. 중간에서 프로젝트를 하나 성사시켰을 뿐인데, 가만히 앉아 5년 동안 이익을 챙기는 것이다.

사람들은 흔히 "이건 내 영역이 아니야", 혹은 "아이템이 생소해"라는 핑계로 시도조차 하지 않는다. 하지만 성공하는 사람들은 잘 모르는 분야라도 공부하고 파고들어 실행에 옮김으로써 결과물을 만들어낸다. 서로에게 필요한 것을 캐치해 그것을 이어주는 일, 그것이 바로 영업인 것이다.

상상을 초월하는 목표를 설정한 후 직원들을 벼랑 끝으로 몰아놓고, '생즉사 사즉생(生卽死 死卽生)'을 강조해 닛산을 파산 위기에서 구했다는 카를로스 곤 르노 닛산 자동차 회장은 "훌륭한 계획은 필요 없다. 계획은 5퍼센트, 실행이 95퍼센트"라고 했다. 로또를 사지 않는 사람에게 로또 당첨은 없다. 집 밖으로 나가지 않으면 애인도 만들 수 없다. 목표를 세우고 실행해야 비로소 성공도 따라온다.

비가 올 때마다 거래처를 방문한 영업직원

비가 오는 날이면 영업점을 방문하는, 사무용 가구 영업 임원으로 일하는 지인이 있었다. 이 지인은 비 오는 날이면 항상 거래처를 방문했다. 별일이 없어도 가고, 거래처 직원들이 바빠서 이야기를 못 하면 음료수 하나를 놓고 오더라도 갔다. 비 오는 날은 움직이는 것 자체가 귀찮다. 땅은 질퍽거리고, 옷은 젖고, 몸도 노곤해져서 문밖을 나선다는 것 자체가 싫다. 그런데 이 지인은 그런 날은 거래처를 방문한다는 철칙을 세워놓고 꼭 지켰다.

이 지인은 2016년 한 대학의 기숙사 입찰을 따냈다. 계약 규모가 25억 원에 달하는, 업계에서는 상당히 이슈가 되었던 입찰이다. 개학과 동시에 기숙사를 오픈해야 하는데 여러 가지 문제가 불거지며 공사가 지연되는 바람에 대학에서는 한바탕 난리가 났다. 지방에서 올라오는 학생들이 난처해지는 것은 물론이고, 학교 이미지도 타격을 입기 때문에 발등에 불이 떨어진 상황이었다. 공사를 끝내기에도 빠듯한 시간이었기에 가구를 넣을 충분한 시간을 달라고 요구할 수도 없었다. 고민 끝에 이 지인은 계속 대기하고 있다가 공사가 끝나는 순서대로 가구를 넣기 시작했다. 결국 공사가 끝나는 동시에 기숙사는 가구까지 완벽하게 갖춰진 채로 오픈할 수 있었다.

가구 회사 입장에서는 한꺼번에 가구를 넣는 편이 훨씬 더 효율적이고 비용도 절감된다. 하지만 거래처를 위해 일정 부분 이익을 포기한 것이다. 이런 헌신적인 노력 덕분에 대학 행정실의 완전한 신뢰를 얻게 된 이 지인은 기숙사에 컴플레인이 생기거나 문제가 발생할 때마다 일을 해결해주었다. 나중에 알고 보니 이 대학의 행정실 관계자는 전국 대학 행정관들 사이에서 꽤 파워가 있는 사람이었고, 이 지인은 전국 대학 행정실장이 모인 자리에서 자신의 브랜드를 소개하는 시간을 얻을 수 있었다. 만약 전국에 있는 수많은 대학을 찾아다니며 영업했더라면 길에 버렸을 숱한 시간과 돈을 아낀 것은 물론이고, 한 거래처에 성심을 다함으로써 더 큰 기회를 얻은 것이다.

팔고 난 후가 더 중요하다

이 지인의 이야기를 길게 한 것은 다음 세 가지를 이야기하고 싶어서다. 첫째, 얻고 싶은 것이 있다면 공을 들여야 한다. 영업을 하는 목적은 얻고 싶은 것이 있기 때문이다. 세상에 공짜는 없다. 어떤 형식으로든 공을 들여야 한다. 이 지인은 원하는 것을 얻기 위해 비가 오는 날을 택해 공을 들였다. 이런 영업 방식은 날씨가 화창한 날 방문하는 것보다 임팩트가 훨씬 컸을 것이다.

둘째, 바로 눈앞의 이익에만 연연하지 말아야 한다. 만약 그가 원칙을 내세워 공사가 끝난 후 일괄적으로 가구를 넣기로 고집했다면, 몇 퍼센트의 이익은 더 얻었을지 몰라도 그 이후의 기회는 갖지 못했을 것이다. 그러나 과감하게 손해를 감수하고 거래처 입장에서 일을 진행했기에 더 큰 기회를 얻을 수 있었다.

셋째, 영업에는 후속 조치가 필요하다. 판매가 판매로만 그쳐서는 안 된다. 이후의 대응이 훨씬 중요하다. 만약 물건을 판 후 "내 일은 다 끝났어"라고 한다면 두 번 다시 그 영업사원을 찾을 일은 없다. 진정한 영업맨이라면 제품을 팔고 난 후 소비자의 경험 만족도까지 책임져야 한다. 전자사전을 파는 업체라면 전자사전을 판 것에 만족하는 것이 아니라, 전자사전으로 공부한 사람이 토익 점수가 올라간 것에 만족을 느끼는 데까지도 관심을 가져야 하는 것이다.

후지필름도 제품을 판매하고 나면(일정 제품에 한해서) 한 달 후 소비자에게 전화를 걸어서 잘 사용하고 있는지, 궁금한 점은 없는지 확인한다. 만약 소비자로부터 피드백이 있으면 그것을 어떻게 브랜드에 반영할 것인지 고민하고, 방법을 찾아 문제를 해결한다. 이렇게 신뢰가 쌓이고 내가 하는 말을 상대가 100퍼센트 믿어주면 영업은 잘 돌아갈 수밖에 없다.

인생은 복도와 같다. 좌우로 문이 나 있고, 이 문은 오로지 자신만이 열어볼 수 있다. 그 안에 금은보화가 잔뜩 든 흥부의 박이 들어 있을지, 아니면 위험한 괴수가 숨어 있는 놀부의 박이 있을지는 열어봐야 알 수 있다. 문을 여는 것, 즉 실행이 없으면 답도 알 수 없다.

남들보다 먼저 빨리, 열정적으로 움직이는 사람이 성공한다. 여러 가지 안건을 상정하고 수시로 회의를 해도 정작 실행하지 않으면 아무런 소용이 없다. 기업이든 개인이든 실행력을 강화해야 살아남을 수 있다. 그리고 행동하면서 얻게 되는 스트레스를 감당해내기 위한 나름의 마인드 컨트롤도 필요하다.

없는 능력도
만들어내는 집중력

워런 버핏은 비서 겸 운전사 역할을 하던 직원에게 "당신이 이루고 싶은 것을 적어보시오"라고 주문했다. 그러자 그 직원은 25가지 정도를 써서 건넸다. 워런 버핏은 "가장 이루고 싶은 것 5가지에 동그라미를 쳐보시오"라고 다시 주문했다. 직원이 5개에 동그라미를 쳐서 건네자 워런 버핏은 "가장 이루고 싶은 5가지 외 나머지 20가지는 어떻게 하겠소?"라고 물었다. 그러자 직원은 "5가지는 진짜 열심히 하고, 나머지 20가지도 달성할 수 있도록 노력할 것입니다"라고 대답했다. 그러자 워런 버핏은 이렇게 이야기했다.

"당신은 틀렸소. 5가지를 달성하기 전까지 나머지 20가지는 쳐다도 보지 마시오. 모두 지워버리시오."

집중하면 창의력도 따라온다

영업은 질보다 양이라고 했다. 많이 시도할수록 결과를 얻을 수 있는 확률이 높아지기 때문이다. 그러나 이와 별도로 일을 진행할 때는 집중할 필요가 있다. 나는 '죽을 것처럼'이라는 말을 좋아하지 않지만, 목표에 다가가기 위해서는 그런 심정으로 집중할 필요가 있다. 가끔 직원들에게 대입 수능시험 보는 것처럼 파봐라, 그럼 아마 목표에 도달할 수 있을 것이라고 이야기한다. 설렁설렁, 대충대충, 수박 겉 핥기 식으로는 결코 원하는 결과를 낼 수 없다. 끝까지 집중해야 한다.

어려서부터 소매점을 운영하는 부모에게 영업의 기술을 배운 케빈 켈리는 뛰어드는 분야마다 영업 신기록을 달성하며 주목받았던 영업맨으로 지금은 동기 부여, 리더십, 자기계발 분야에서 탁월한 강연자로 손꼽히는 작가이기도 하다. 케빈 켈리는 영어가 모국어지만 영어에서 D학점을 받을 정도로 영어를 못하던 학생이었다. 그런데도 그는 베스트셀러 작가가 되고 싶어 했고, 사람들에게 베스트셀러를 쓸 것이라고 떠들고 다녔다. 주위에는 손가락질하는 사람도 있었지만 그를 돕겠다는 사람도 있었다. 결국 그는 베스트셀러 작가가 되었고, 많은 사람이 그의 이야기에 귀를 기울인다. 케빈 켈리는 "나는 결코 천재는 아니지만, 하고자 하는 일에 집중하면 창의력이 따라온다"고 했다.

일할 때는 정신뿐만 아니라 방법에 대해서도 집중해야 한다. 그러지 않으면 사소한 것을 놓치는 경우가 많다. 워런 버핏은 직원에게 목표한 바를 이루기 위해서는 집중해야 한다고 이야기하고 싶었을 것이다. 실제 내가 이루고 싶은 5가지에 집중한다면 나머지 20가지는 할 수도 없고, 할 시간도 없을 것이다.

긍정적인 불만이 가져다주는 에너지

약간의 스트레스는 생활의 활력이 되는 것처럼 긍정적인 '불만'도 자기 발전에는 좋은 영향을 준다. 분노는 열정의 또 다른 표현이다. 열정을 가진 사람들은 쉽게 분노하는 경향이 있다. 분노 자체가 좋다는 것이 아니라, 주체할 수 없을 정도로 열정이 넘치면 쉽게 분노할 수밖에 없다는 의미다. 그만큼 일에 집중하고 있다는 뜻도 된다. 열정이 있는 사람은 분명 좀 더 좋은 결과를 낼 수 있는데도 대충 마무리하고 넘어가려는 사람을 보면 답답하고 화가 난다. 반대로 일 자체에 열정이 없으면 잘못된 것을 알아도 그냥 지나쳐버리고 만다.

세계적인 CEO들 중에 분노에 관한 일화가 많은 것도 이들이 열정이 넘쳐났기 때문일 것이다. 뛰어난 통찰력을 가진 스티브 잡스가 괴팍스러운 성격을 가졌다는 것은 잘 알려져 있다. 그는 엘리베이터에서 만난 직원을 해고하는가 하면 실적이 좋지 않은 중역들에게 소리를 지르기도 했다. 막대한 기부로 노블레스 오블리주를 실천하는 빌 게이츠도 일이 계획대로 되지 않을 때는 분노 발작을 일으킨다고 한다. 인텔의 CEO였던 앤디 그로브는 얼마나 무시무시했던지 실적 평가를 받다가 기절한 직원까지 있었다.

미디어계의 스티브 잡스로 불리는 넷플릭스의 CEO 리드 헤이스팅스도 사업 아이디어를 불만에서 얻었다. 영화광이던 헤이스팅스는 고작 1.99달러에 영화 〈아폴로 13〉을 빌렸다가 대여 기간을 깜빡해 연체료로 20배가 넘는 40달러를 물어야만 했다. "원하는 영화를 내가 원하는 시간에 골라서 보고 싶다"는 욕망이 그를 창업의 길로 이끈 것이다.

사랑의 반대말은 증오가 아니라 무관심이라고 한다. 관심이 없는 일에는 사람들이 반응하지 않는다. 옆집 아이가 잘되라고 화를 내거나 잔소리하는 사람은 없다. 부모가 자식에게 화를 내고 잔소리를 하고 매를 드는 이유는 관심이 있고, 사랑이 있기 때문이다. 성공적인 영업을 위해서는 비판적인 시선으로 무엇이 잘못되었는지, 어떤 점이 불만인지 신경 써야 한다. 그런 집착에 가까운 관심이 보다 나은 길로 당신을 인도할 것이다.

사람들이 쉽게 놓치는
숫자의 마법

영업에서 숫자는 '업(業)'이다. 판매 가격 100원짜리 물건을 어떻게 영업하느냐에 따라 100원에 팔 수도, 70원에 팔 수도 있다. 영업은 100원짜리 물건을 100원 다 받을 수 있도록 플러스알파의 가치를 만드는 과정이다. 이렇게 이윤을 만들어 그 이윤이 회사에 돌아갈 수 있도록 하는 것이 영업의 역할이다. 그런데 돈이 오가는 상황이다 보니 영업을 하다 보면 뒷돈, 뒷거래, 리베이트 같은 이야기를 많이 듣게 된다. 영업적인 촉과 숫자에 대한 감이 있음에도 자기 통제에 실패한 나머지 잘못되는 경우를 많이 보았다. '오이밭에서는 신발을 고쳐 신지 말고, 오얏나무 아래서는 갓을 고쳐 쓰지 말라'고 했다. 숫자를 가지고 일하는 직업인 만큼 영업자는 윤리적인 사고로 불상사가 일어나지 않도록 자기 관리에 더욱 철두철미해야 한다. 영업자가 집착해야 하는 것은 뒷돈이 아니다.

상징적인 숫자에 집착하라

영업자라면 숫자에 집착해야 한다. 목표에 관한 숫자다. 영업에는 상징적인 숫자가 있다. 가령 매출 목표액이 100억 원이다. 이때 팀이 힘을 모아 99억 9,000만 원의 매출을 올렸다면 이는 단순히 1,000만 원이 펑크 난 것이 아니다. 팀의 의욕과 사기에 구멍이 난 것이다. 99억 9,000만 원과 100억 원이라는 숫자는 하늘과 땅 차이다. 하나는 목표 미달성, 하나는 목표 달성이기 때문이다. 퍼센트(%)로 표기해도 마찬가지다. 99.9퍼센트를 반올림해서 100퍼센트를 했다고 우길 수도 있지만, 역시 온전한 100퍼센트와는 엄연한 차이가 있다. 겨우 0.1퍼센트 차이지만 99.9퍼센트는 매출 미달성인 것이다. 그렇기 때문에 좋은 영업자라면 상징적인 숫자에 매달려야 한다. 이런 끈질김이 영업팀(개인)의 사기에도 영향을 끼쳐서 의기투합하게 만든다. 영업자가 상징적인 숫자에 집착하지 않는다면 성공은 보장하기 어렵다.

작은 실수가 모이면 실패가 된다

과거 TV 프로그램에 '옥의 티를 찾아라'라는 코너가 있었다. 역사 드라마인데 전깃줄이 걸쳐 있다거나 멀리 차가 달리는 도로가 보이기도 한다. 1초 전만 해도 여주인공의 입술이 빨간색이었는데 장면이 바뀌면서 보라색으로 변한다. 이런 실수는 비극적인 드라마를 갑자기 희극으로 만들기도 한다.

영업자는 이런 자잘한 실수가 일어나지 않도록 집착해야 한다. 작은 실수를 줄이면 큰 실수를 하지 않을 가능성이 크다. 기업에서는 작은 실수로 숫자 0 하나를 더하고 빼는 것이 커다란 문제를 야기할 수 있다. 실제로 100억 원을 1,000억 원으로 표기하거나 110억 원으로 표기하는 사례가 비일비재하다. 서류를 작성하는 사람은 단지 0과 1을 잘못 썼을 뿐이지만, 금액은 10억 원과 990억 원이 오가는 커다란 문제다. 작은 기업이라면 회사의 존폐가 오가는 문제가 될 수 있는 것이다.

온라인을 통해 상품 판매를 한 회사가 있다. 그런데 29만 9,000원짜리 물건의 판매가를 2만 9,900원으로 잘못 기입했다. 당연히 주문은 폭주했고, 몇 시간 만에 물건은 매진되었다. 뒤늦게 이를 안 회사는 일일이 구매자들에게 전화해서 실수라고 해명하고 주문을 취소해줄 것을 요구했지만, 세상 사람들은 각양각색이다. 어떤 사람은 순순히 취소해주지만, 어떤 사람들은 절대 취소할 수 없다고 강경하게 맞선다. 자신이 잘못한 것이 없기 때문이다.

30만 원에 팔아 5만 원이 남는 원가 25만 원짜리 물건을 3만 원에 팔면 22만 원의 손해가 발생한다. 1개가 아니라 1만 개라면 그 손해는 어마어마하다. 하지만 과연 주문을 취소할 수 없다고 버티는 소비자를 나쁘다고 탓할 수 있을까? 원인 제공은 회사가 했는데도 말이다. 이처럼 엉뚱한 곳에서 손실이 나면 아무리 영업을 잘해도 소용이 없다. 따라서 영업자라면 숫자에 대해서만큼은 이중 삼중 체크해야 한다.

과거 인기를 끌었던 드라마 〈커피 프린스〉에서도 이와 비슷한 사례가 등장했다. 커피 원두를 300그램 주문해야 하는데 3,000그램으로 잘못 주문한 것이다. 커피는 당일 볶아서 판매하기 때문에 반품도 안 되는 상황이었다. 결국 하루 만에 3,000그램의 커피를 소화하지 못한 직원들은 모두 판매원이 되어 주변 커피숍을 돌아다니며 커피를 파는 에피소드가 있었다. 손실이 작은 경우에는 큰 문제가 되지 않겠지만, 숫자 하나 잘못 썼다가 자칫 회사가 망할 수도 있는 것이 바로 영업자들의 실수다.

능력보다 중요한 것

영업자와 경영자를 구분 짓는 것은 숫자를 보는 시각이다. 경영자는 숫자를 볼 때 회사를 경영할 수 있느냐 없느냐에 방점이 찍힌다. 그와 달리 영업자는 매출의 달성에 찍혀 있다. 둘 다 숫자를 보지만, 개념이 다르다.

영업자가 경영자로 성장하지 못하는 것은 수익에 별 관심이 없기 때문이다. 극단적인 예로 회사가 손해가 나더라도 자신에게 할당된 매출만 맞추면 된다고 생각한다. 100원짜리 물건을 1개 팔았을 때 10원이 남는지, 5원이 남는지 관심이 없는 것이다. 그러다 보니 쉽게 매출 목표량을 달성할 수 있는 밀어내기의 달콤함에 반복적으로 빠져든다. 하지만 경영자 입장에 서서 매출과 수익 중 하나를 선택해야 한다면 당연히 수익을 선택할 것이다. 영업자라면 이 마음을 기억해야 한다.

1인 셀러는 당연히 개인 기업이기 때문에 경영자의 시선으로 숫자를 볼 수밖에 없다. 하지만 영업사원도 회사 문제가 곧 나의 문제라는 인식을 가져야 한다. 회사가 영속성을 갖기 위해서는 이익이 남아야 하기 때문이다. 회사가 상황이 좋지 않고 적자가 나는데 나와는 상관없다고 생각하는 것은 조직에 소속된 사람으로서 자격 미달이다. 이른바 주인의식의 문제다. 평소 주인의식을 가지고

214

1인 셀러의 시대 – 어떻게 팔 것인가

있어야 그 습관이 나중에 1인 셀러가 됐을 때도 제대로 발현되는 법이다.

특히 영업사원은 활동비(접대비)로 사용할 수 있는 예산이 편성되어 있다. 그런데 이런 활동비를 쌈짓돈처럼 여기며 막 쓰는 경우가 있다. 이런 문제로 나중에 옷을 벗는 영업사원도 여럿 보았다. 다른 회사도 마찬가지지만, 특히 외국계 투자법인 같은 경우에는 정서적으로도 그렇고, 도덕적으로도 그렇고 꼬투리 잡힐 일 자체를 하지 않는 것이 좋다. 규정에 없는 돈을 사용하면 나중에 시장 상황이 좋지 않거나 회사가 구조조정을 해야 할 경우, 그 화살이 자신에게로 돌아오는 경우가 많다. 구조조정을 앞둔 회사는 미리 직원들을 조사해 문제점을 찾아내기 때문이다. 사우나, 집 근처에서 쓴 전표 등이 계속 나오면 그것은 결국 자신의 발목을 잡는 요인이 된다. 과거와 달리 앞으로는 더 투명해져야만 살아남을 수 있다. 세상이 바뀌고 있기 때문이다.

일본 직장인들은 대부분 휴대폰을 두 개 가지고 다닌다. 하나는 개인, 하나는 법인 휴대폰이다. 휴대폰을 같이 쓰면 비용적으로나 효율적인 면에서 더 나을 텐데, 항상 휴대폰을 두 개 들고 다니며 개인 용무는 꼭 개인 것을 사용한다. 효율성은 낮지만 도덕적인 부분에서는 확실하다. 심지어 회사 볼펜으로 개인 필기를 한다며 나무라는 것을 본 적이 있는데, 물론 너무 지나친 지적이지만 우리나라에 비해 공과 사를 명확하게 구분하는 것은 배울 만한 일이다.

영업자라면 숫자 하나라도 허투루 넘겨서는 곤란하다. 그것은 곧 이익, 그리고 의욕과도 연결되기 때문이다. 그리고 수동적인 자세로 일하는 것도 지양해야 한다. 그것이 좋은 영업자가 되기 위한 베이스다.

누구에게나 통하는
영업심리학

"만들지 말고 연결하라!"

100년 전통을 자랑하는 시중 은행들의 예상과 달리 출범하자마자 각종 신기록을 세우며 100일 만에 가입자 수 430만 명 돌파, 선발 주자 케이뱅크와 가입자 수 10배 차이, 석 달 만에 주거래 은행 5위에 등극한 '카뱅쇼크'.

'최초가 최고를 보장하지 않는다'는 것을 여실히 보여준 카카오뱅크의 성공은 쉽다, 빠르다, 수수료가 없다, 간편하게 대출 받을 수 있다, 캐릭터 카드를 갖고 싶다 등 수없이 많지만, 카카오뱅크 열풍에는 사람들이 기존 은행에 느낀 '배신감'도 한몫 단단히 차지한다는 것이 내 생각이다. 은행의 대출 금리는 3.5퍼센트 선이다.

10년, 20년을 거래해도 대출 금리는 크게 변동이 없다. 그런데 카카오뱅크는 신규 가입자에게도 2.9퍼센트로 대출을 해준다. 물론 일반 은행은 영업소와 창구 직원이 있어 고정 비용이 인터넷 은행에 비해 많이 드는 것이 사실이다. 그러나 소비자는 이와 상관없이 은행이 자신을 배신했다고 느낀다. 한마디로 기분이 나쁜 것이다. 이것이 사람 심리다.

소비자의 마음을 얻는 기술

사람들의 소비 패턴은 시대나 시장 상황에 따라 변화한다. 합리적일 때도 있고, 남들에게 보여주기 위해 소비하기도 한다. 하지만 영업의 본질은 늘 똑같다. '사람의, 사람에 의한, 사람을 위한' 것이다. 한마디로 요약하면 '사람의 마음을 얻는 것'이 영업이다. 사람의 마음을 얻는 법은 간단하다. '역지사지(易地思之)'하면 된다. 내가 상대방의 입장이 되어보는 것이다.

후지필름에서 1,000만 원을 호가하는 카메라를 예약 판매한 적이 있다. 반응이 상당히 좋아서 예상 수량보다 판매량이 더 많았다. 1차 발송을 마치고, 2차 발송을 하던 중 입고 지연으로 의도치 않게 예약일보다 이틀 정도 배송이 늦어지게 되었다. 판매자나 소비자나 생각하기에 따라 2일 정도는 허용 범위라고 넘어갈 수도 있을 것이다. 좀 더 생각한다면 전화로 사과하고 양해를 구하면 될 일이다. 그렇지만 내 생각은 좀 달랐다. 고가이기도 했지만, 그보다는 받기로 한 날 바로 써야 할 수도 있고, 다른 급한 이유가 있을 수도 있다. 만약 이 상황을 회사 입장에서만 바라보고 고작 이틀인데 뭐 어떠냐고 생각한다면 영업자로서 후속 조치가 잘못된 것이라고 생각했다. 나는 영업팀장과 담당자를 불러서 고객에게 제품 인도가 지연된 점을 사과하고 직접 전달하라고 지시했다. 고객에게 야단맞을 각오로 찾아갔던 영업팀장과 직원은 오히려 선물을 가지고 돌아왔다. 고객이 이틀 정도 지연된 일로 본사에서 직접 찾아올 줄 몰랐다며 고마움의 표시로 전한 것이라고 했다. 마음을 단단히 먹고 찾아갔던 고객에게 오히려 칭찬을 받은 반전의 결과라 더욱 인상 깊은 기억으로 남아 있다.

사람이란 그렇다. 작고 사소한 것에 분노하지만, 마찬가지로 작고 사소한 일에 감동받는다. 그리고 이런 감동은 서로 신뢰와 유대감을 맺는 데 커다란 역할을 한다. 이처럼 사람의 심리를 어떻게 이해할 것인가에 대한 가장 기본적인 방법이 역지사지다. 내가 소비자 입장일 때 어떤지를 생각해보면 쉽게 답이 나온다.

넷플릭스의 CEO 리드 헤이스팅스는 대학에 진학하기 전 1년 동안 청소기 방문판매 아르바이트를 했다. 그 경험에 대해 그는

"기업가는 꿈꿔본 적도 없지만, 지금 생각하면 그때가 물건 하나를 팔기 위해 어떻게 소비자를 설득해야 하는지 배운 시간"이었다고 회고했다. 결국 사람은 직접 부딪혀보지 않고는 알 수 없다. 온라인 기업들이 오프라인으로 자꾸 넘어오는 이유도 온라인 영업(비대면)만으로 해결되지 않는 부분이 있기 때문이다. 현장에는 고객이 있고, 경쟁이 있고, 그리고 그 속에 답이 있다. 결국 대면해야 하는 것이다. 그것이 현장의 가치다.

차가운 친절

영업을 하다 보면 예상치 않은 부분에서 많은 일을 겪게 된다. 하지만 그때마다 힘을 주고 위로를 받는 것도 사람이다. 처음 개인 사업을 시작했을 때만 해도 스스로에 대한 믿음이 부족했던지, 물건이 팔리는 것을 보고 '어, 이게 진짜 팔리네?'라는 생각이 들면서 신기했던 적이 있다. 소비자에게 감사한 마음이 들어서 편지를 써 보내기 시작했다. 그러자 "이 업체는 믿을 만하다", "믿고 산다"는 사용 후기가 올라오는 것을 많이 봤다. 지금 후지필름에서 구매 금액 상위 1퍼센트에게 제공하는 FPS(Fujifilm Premium Service)에 소정의 선물과 함께 내가 직접 자필로 쓴 짧은 편지를 동봉하는 것도 과거 경험의 연장선상이다.

간혹 '기계적으로' 친절한 사람을 볼 수 있다. 분명 상냥하고 친절하긴 한데, 진심이 느껴지지 않는 경우다. 태도나 매너에는 아무 문제가 없는데 상대가 받아들이지 못하는 차가운 친절은 경계해야 한다. 이런 친절은 오히려 불편하고, 관계에 악영향을 미친다.

요즘은 페이스북 팔로어가 500명이면 그 500명이 자신의 인맥이라고 생각하는 사람도 있다. 하지만 그것은 인맥이 아니다. 인맥이란 서로가 상대에게 영향을 미칠 수 있을 때 비로소 생성되는 관계다. 고민이 있을 때 서로 만나서 커피든 소주든 한잔 나눌 수 있는 것이 인맥인 것이다. 휴대폰 주소록에 저장된 전화번호 수도 인맥의 폭을 말해주지는 않는다. 솔직히 주소록에 번호가 저장된 이들 중 1년에 통화를 한 번도 안 하는 사람이 얼마나 많은가. 인맥이란 어느 한 쪽도 아니고, 상호 동시에 영향력이 발휘되어야 만들어지는 것이다.

네트워크 마케팅은 사람들의 유대감을 이끌어내 소비를 공감하는 일이라고 했다. 의도는 좋다. 문제는 개중에 지나치게 목표에 치중한 나머지 본질을 망각하는 사람이 있다는 것이다. 제품의 가치가 아닌 사람을 이익 수단으로 보는 것이다. 이래서는 결코 사람들이 간절하게 원하는 다이아몬드 직급 이상 올라서지 못한다. 교세라의 창립자인 이나모리 가즈오는 자서전 《이나모리 가즈오의 왜 사업하는가》에서 "사업을 성공시키려면 보통 이상의 강한 열정이 필요하다. 하지만 강한 열정만이 전부는 아니다. 지나친 열정은 언젠가 주위와 마찰을 일으킨다. 또 너무 극단적으로 목표를 달성하고자 하다 보면 위법 행위로 이어져, 결국 몰락에 이르는 원인이 되기도 한다"고 말한다. 다이아몬드까지 오른 지인이 네트워크 마케팅을 그만둔 이유도 사람을 잃고 싶지 않기 때문이라고 했다. 사람들이 자신을 보면 피하고, 껄끄러워한다고 했다. 이익을 눈앞에 두고 자기 통제를 하며 상대방이 거부감을 느끼지 않도록 영업을 한다는 것은 결코 쉽지 않은 일이다. 친절을 가장한 비즈니스는 관계가 느슨해서 금방 끊어질 가능성이 큰 것이다.

이베이(eBay)의 전 CEO 마거릿 휘트먼은 임원들과 전용기를 타고 인도로 가던 중, 테헤란 상공에서 갑자기 한 임원이 극심한 복통을 호소하자 가장 가까운 도시인 이스탄불을 찾아 항공 응급 당국에 전화를 걸었다. 그리고 대기하고 있던 앰뷸런스를 타고 아픈 임원과 함께 병원에 가서 몇 시간 동안이나 그의 곁을 떠나지 않았고, 그의 부인에게도 전화로 상황을 알렸다. 이후 임원이 안정을 되찾자 집 근처 병원으로 후송시킨 후에야 다시 인도로 떠났다고 한다. 마거릿 휘트먼은 "의무감이 아닌 마음에서 우러나오는 행동을 한다"는 것, 즉 진심을 다한다는 것이 어떤 것인지를 몸으로 보여주었다. 진심을 다하는 마음, 그것이 영업의 핵심이다.

일단 의심부터 하는 것이 사람의 본성

대개 우리는 찔러도 피 한 방울 안 날 것 같은 완벽한 사람보다는 어딘가 나사 하나 빠진 것 같은 사람에게 인간미를 느낀다. 이처럼 사람은 스스로 부정적인 면이나 약점을 솔직하게 드러낼 때 상대에 대한 경계심을 완전히 푼다.

영업에서도 이런 심리가 반영된다. 어떤 문제를 인식할 때 기업과 인간은 본능적으로 그에 반대되는 태도를 취한다. 진실을 이야기해도 '진짜일까?'라고 의심의 눈초리를 보이는 것이 사람이나 기업의 속성인 것이다. 그렇기 때문에 먼저 브랜드(제품)의 부정적인 면을 솔직하게 드러내 보이면 소비자의 신뢰를 얻을 수 있다. 긍정적인 언급은 잠재 고객이 만족할 때까지 그 진위 여부를 증명해야 하지만, 부정적인 발언의 경우에는 그런 증명을 할 필요도 없다.

2015년에 터진 폭스바겐의 '디젤게이트'는 연비 효율성을 높이기 위해 차량 배기가스 저감 장치가 작동하지 않도록 소프트웨어를 조작한 사건이다. 사건의 본질은 기업의 도덕불감증과 관련이 있어 보이지만, 그 속내는 부정적인 면을 감추기 위해 조작이 이루어졌다는 것이다. 딱정벌레 모양의 독일 국민차 '비틀'을 탄생시킨 폭스바겐은 이 디젤게이트 이후 브랜드 신뢰도의 급격한 추락과 더불어 판매 감소에 시달리고 있다. 최근 고성능 전기 동력 친환경

자동차를 공개하면서 이미지 쇄신을 꾀하고 있지만, 실추한 이미지를 만회하기 위해서는 몇 배의 노력이 더 필요해 보인다.

솔직함은 기술적으로, 조심스럽게 사용되어야 한다. 왜냐하면 부정적인 것은 부정적이기 때문이다. 그러므로 부정적인 인식이 오래 남아 있도록 하면 안 된다. 재빨리 긍정으로 반전시켜야 한다. 그리고 소비자에게 즉각적인 동감을 불러일으켜야 한다. 솔직하게 부정적인 면을 말했는데 소비자가 재빨리 판단하지 못하고 '이게 대체 무슨 이야기일까'라는 의구심을 품게 되면 혼돈이 생긴다. 영업을 할 때 솔직해지는 것의 목적은 사과가 아니다. 소비자에게 확신을 줄 수 있는 이득을 밝히기 위해서다. 이 사실을 잊으면 안 된다.

가치를 높이는 소비자 경험

후지필름에는 렌털 서비스가 있다. 카메라와 20여 종의 렌즈를 무료로 대여해주는 서비스로, 주로 경쟁 제품을 사용하거나 여행을 가는 사람들이 1박 2일이나 2박 3일로 빌려가는데 만족도가 상당히 높다. 렌즈를 빌리러 오는 고객을 상대하는 사람은 고객 맞춤형 정보를 제공할 수 있는 능력을 갖추고 있어야 한다. 렌즈마다 특성이 있고, 피사체마다 더 잘 나오는 렌즈가 따로 있기 때문이다. 그리고 어떤 고객은 주로 아이를 찍을 수도 있고, 스포츠나 풍경을 주로 찍는 사람일 수도 있다. 그렇기 때문에 담당 영업자는 렌즈를 빌려주면서 이런 사실을 확인하고, 그에 맞는 맞춤형 정보를 전달해야 한다.

영업자의 정보전달자로서의 역할은 이제 끝났다. 정보가 너무 흔하기 때문이다. 앞으로 영업자의 역할은 가치전달자로 자리매김할 것이다. 소비자가 가지고 있는 정보가 가치 있는 정보인지를 검증해주는 것이다. 그 때문에 영업자는 소비자의 삶에 한 발 더 다가가 소비자의 능동적인 선택을 도울 수 있어야 한다. 또 소비자의 합리적 소비(소신 소비)를 위해 합리적 제안을 할 수 있어야 한다.

앞으로 영업은 소비자 경험, 즉 인간에 더욱 집중해야 한다. 소비자가 경험(체험)을 공유하고 싶어 하기 때문이다. 쉽게 말해서 대접받고 싶어 하는 것이다. 이런 교감형 사치를 원하는 소비자의 패턴 변화를 캐치한 기업은 소비자가 편하게 머물면서 자사 제품을 이용할 수 있는 공간을 늘리고 있다. 후지필름이 2016년 사진 갤러리, 쇼룸, 서비스 센터, 세미나실, 스튜디오를 모두 갖춘 '후지필름 스튜디오'를 오픈한 것도 그런 이유 때문이다. 현장에서 뛰어다니는 영업자라면 당연히 이런 소비자 중심의 구매 패턴 변화에 능동적으로 대처할 수 있어야 한다.

삶도 영업도
단순한 것이 좋다

패스트푸드의 속성은 '신속함'이다. 시장 조사로 이런 속성을 확인한 버거킹은 광고 대행사를 불러 "만약 세상이 빠른 것을 원하면 우리가 빠르다는 사실을 광고해야 한다"며 새로운 슬로건을 만들 것을 주문했다. 이때 버거킹이 시장조사에서 간과한 것은 무엇일까? 이미 미국 내에서는 맥도널드가 가장 신속한 햄버거 체인으로 인식되고 있다는 점이었다. '신속'은 맥도널드의 소유였다. 그럼에도 버거킹은 '빠른 시대의 최고의 음식!'이라는 슬로건을 내걸고 캠페인을 시작했다. 그 결과 광고 대행사는 계약을 해지당하고 경영진은 쫓겨났다. '독점의 법칙'을 위반한 대가였다.

분명한 캐릭터가 소비자를 설득한다

사람들의 의식 속에 한번 새겨진 것을 바꾸거나 빼앗기는 정말 어렵다. 볼보 하면 '안전'이라는 단어가 떠오른다. 이는 오랜 세월 쌓여온 이미지다. 경쟁 업체가 이 단어를 똑같이 심겠다고 나서는 것은 무모한 짓이다. 건전지 업체 듀라셀은 분홍색 토끼를 내세워 대히트를 치며 '오래간다'는 이미지를 소비자들에게 확실히 인식 시켰다. 이에 질세라 에너자이저도 의인화한 건전지를 내세우며 '오래간다'는 이미지로 포지셔닝하려고 했지만, 실패했다.

후지필름은 사진 자체와 색감, 추억 세 가지를 키워드로 잡고 있 다. 카메라만 놓고 보면 궁극적인 목적은 사진을 찍는 데 있다. 다 른 건 없다. 그래서 사진을 강조한다. 사진을 찍었을 때 내가 기억 하는 풍경 속 색과 사진 속 색이 다르다면 감동의 크기가 떨어질 것이다. 그래서 색감을 강조한다. 그리고 마지막, 기억 속의 풍경 을 그대로 재현한 색감의 사진을 보며 추억을 되새긴다. 이것이 후 지필름이 지향하는 바다. 이렇게 세 가지 키워드를 잡고 쭉 이어왔 기에 사람들은 이제 카메라를 품평할 때 "후지필름이 색감 하나는 끝내줘"라고 이야기한다. 물론 경쟁사 역시 예쁜 디자인, 전문가용 카메라 등 나름의 주력 키워드를 내세우고 있다.

각자의 주력 키워드로 제품은 소비자의 선택을 받는다. 만약 색감을 구매 포인트의 최우선으로 생각하는 소비자라면 후지필름을 선택할 가능성이 크다. 가격을 우선하는 소비자라면 보다 싼 브랜드를, 셀카에 민감한 여성 고객이라면 소니를 선택할 가능성이 높다. 이처럼 브랜드별로 각인된 단어에 따라 소비자들은 움직인다.

한번 만들어진 이미지는 사람이든 제품이든 잘 바뀌지 않는다. 특히 부정적인 이미지는 더 깨기 어렵다. 그래서 사람도 제품도 첫인상(디자인)이 중요하고, 첫 한마디(마케팅 언어)가 중요한 것이다. 신뢰의 이미지는 단기간에 만들어지지 않고, 시간이 흐르면서 구축된다. 소니가 이달부터 색감으로 밀어붙이기로 한다고 해서 당장 색감이라는 이미지가 소비자들에게 각인되는 것은 아니다. 캐릭터는 시간을 두고 만들어내는 것이다.

문제는 본질에 있다

다양한 전략에도 불구하고 모든 제품은 자기 고유의 역할을 충실히 수행할 수 있어야 그 가치를 인정받는다. 다이슨이 새로 출시한 무선 청소기 V8 카본파이버는 100만 원대의 고가임에도 불티나게 팔렸다. 이유는 강력한 성능 때문이다. 다이슨으로 청소하면 다른 청소기에 비해 시간이 반으로 절약되고 깨끗하기까지 하다는 브랜드 포지셔닝이 확실하다. 물론 여기에는 전자 제품의 명품 다이슨이라는 명성도 크게 작용했겠지만, 만약 성능이 떨어진다면 결코 지금의 인기를 누릴 수 없을 것이다.

청소기가 디자인만 예쁘면 본연의 역할에 충실할 수 없다. 이처럼 청소기는 청소, 카메라는 사진, 세탁기는 빨래라는 본연의 목적이 있다. 소비자를 설득하는 가장 좋은 방법은 제품의 본질에 충실해야 한다는 것이다. 무엇을 추구해야 하는지에 대한 본질, 그것만으로도 충분히 소비자를 설득할 수 있다. 너무 복잡하게 생각하면 답을 찾기가 쉽지 않다. 문제의 본질, 주목적에 집중해야 한다. 본질이란 결국 기본이다.

복잡한 일이 발생하거나 계획을 세울 때도 마찬가지다. 고민하다 보면 이것도 영향을 미칠 수 있을 것 같고, 저것도 영향을 미칠 수 있을 것 같다. 그러나 하고자 하는 일의 정확한 이유를 생각해보면 답이 나온다.

예를 들어 재고를 털어내고자 한다. 그런데 재고를 털면서 브랜드 이미지도 올리고 싶고, 이익도 내고 싶다. 이래서는 좀처럼 문제를 해결할 수 없다. 오히려 복잡해지기만 한다. 이럴 때는 본래의 목적, 재고를 털어내겠다는 데 집중한다. 이 과정을 통해 브랜드 이미지가 좀 나빠질 수도 있고, 이익이 안 날 수도 있다. 하지만 이를 수용하고 오로지 재고를 소진하는 데 집중한다.

이처럼 문제를 단순화하면 답을 찾기가 쉽다. 이것도 해야 하고, 저것도 해야 하기 때문에 일이 복잡해지는 것이다. 삶도 일도 단순화하면 쉬워진다.

협상 전
준비해야 할 것들

"평생 설탕물이나 팔겠습니까? 아니면 나와 함께 세상을 바꾸겠습니까?"

스티브 잡스는 펩시콜라의 CEO 존 스컬리에게 계속 구애했지만 번번이 거절당했다. 작정한 스티브 잡스는 존 스컬리를 만나 돌직구를 던졌다. 콜라를 설탕물에 비유한 말에 충격을 받은 존 스컬리는 스티브 잡스에 굴복하고 애플에 합류하게 된다. 스티브 잡스는 과연 이 말을 즉석에서 생각한 것일까? 아마도 존 스컬리를 만나면 이 말을 하리라 별렀을 것이다.

유대감을 키우는 공통 주제

인상에 남는 자기소개, 건배사, 프레젠테이션을 잘하는 방법에 대해 고민하는 사람이 많다. 왜일까? 말 한마디로 많은 것이 좌우되기 때문이다

소니에 재직할 때의 일이다. 연세가 지긋한 본부장이 있었는데, 자녀 없이 강아지 두 마리를 키웠다. 강아지 사랑이 워낙 지극해 사내 직원은 물론 거래처 사람들도 모두 알 정도였다. 어느 날 홍보 대행사의 국장이 본부장과 미팅을 하기 위해 회사를 찾아왔다. 그날은 마침 복날이었다. 그런데 그 국장이 보신탕 마니아였는지 본부장에게 "복날인데 보신탕이나 한 그릇 드시러 가시지요"라는 멘트를 던졌다. 강아지를 키우는 사람에게 반려견은 자식과 같다. 강아지가 아프면 "우리 애가 아파서 병원에 가야 한다"고 하는 사람에게 보신탕을 먹으러 가자고 했으니, 그 홍보업체와 거래를 끊겠다고 할 정도로 본부장은 노발대발했다. 본부장이 강아지를 키운다는 것은 홍보업체 직원도 아는 내용이었다. 그 국장이 미팅 전에 약간만 신경을 썼더라면 충분히 알 수 있는 사실이었다.

영업은 항상 만남의 연속이다. 중요한 거래처와 미팅이 있는 경우에는 사전 준비가 필요하다. 상대방에 대한 사전 준비 없이 중요한 미팅을 갔다가 낭패를 보는 경우는 의외로 많다. 이 일화가 극

단적인 예는 아닌 것이다. 아주 디테일한 부분까지는 아니더라도 사전에 미팅할 사람의 정보를 확인하고 간다면 딱딱한 분위기를 부드럽게 만드는 것은 물론, 의도치 않은 참사도 막을 수 있다.

상대방에 대한 사전 정보를 찾는 일을 너무 어렵게 생각할 필요는 없다. 주변을 통하면 고향이나 출신, 나이, 자녀 여부 등은 쉽게 알아낼 수 있다. 자녀가 학생이라면 공부, 장성한 아들이 있다면 군대, 고향을 알면 지역의 유명 관광지 등으로 대화를 이끌어갈 수 있다. 몇 가지 키워드만 준비해 가면 된다. 이런 간단한 사전 준비를 통해 상대방과의 유대감도 키울 수 있다.

대화를 이끄는 첫 질문의 중요성

거래를 트거나 회사 대 회사로 미팅을 하는 경우에는 신제품 출시 협의나 특정 안건이 있을 것이다. 이런 미팅을 앞두고 있을 때에는 첫 질문을 준비하고 대답을 예측할 필요가 있다. 그리고 예측 가능한 몇 개의 대답에 대처하는 연습을 하는 것이 좋다. 가령 카메라 중에는 풀 프레임 카메라와 중형 카메라가 있다. 센서 사이즈에 따라 풀 프레임보다는 중형 카메라가 화질도 좋고 가격도 비싸다. 그런데 나는 중형 카메라 신제품을 거래처에 설명하고 시장에 내놓아야 한다. 그러면 첫 대화를 이렇게 던지는 것이다.

"풀 프레임 시장이 많이 줄었죠?"

이 질문은 시장이 다른 곳으로 이동한다는 것을 전제로 하고 있다. 그럼 상대방이 반응을 할 것이다. "아, 그래요? 얼마나 줄었어요?"라거나 "그렇죠. 앞으로는 더 줄어들 것 같아요"라는 식으로 여러 가지 답이 나올 것이다. 그럼 그에 따라 "30퍼센트 정도 줄었습니다"라거나 "풀 프레임이 줄어들고 이제 중형이 대세예요"라고 답하며 대화를 풀어나갈 수 있다. 이런 식으로 예측 가능한 질문과 대답을 미리 준비하는 것이다. 처음부터 딱딱하게 "우리 회사에서 이번에 중형 카메라가 나왔는데, 화질이 좋고 가벼운 데다 디자인까지 소비자들이 좋아할 만한 스펙을 두루두루 갖추고 있어서~"라고 이야기하는 것보다 훨씬 더 부드럽게 자신이 원하는 방향으로 대화를 이끌어나갈 수 있다.

물론 거래처 쪽에서 "그래도 풀 프레임이 대세예요"라는 답이 나올 수도 있다. 따라서 이런 답이 나올 것도 대비해서 "○○○○에 의하면~"이라고 반박할 수 있는 자료를 준비해 가야 한다. 이게 협상에 대처하는 영업자의 자세다. 그리고 이런 협상 자리를 갖기 전에 앞에서 이야기한 '매트릭스'의 세계에서 미리 상상하고 이미지를 구체화해 연습하고 간다면 확실하게 자신이 원하는 것을 얻고 돌아올 수 있을 것이다.

설득을 성공시키는 세 가지 요소

사람을 설득하는 것이 어렵다면 다음 세 가지를 기억하면 된다. 첫째, 숫자, 둘째, 정보의 가치, 셋째, 논거다. '넘버 효과'라는 것이 있다. 숫자가 들어가면 주관적인 대화도 객관적으로 비쳐진다. 따라서 상대방을 설득하고 싶을 때 숫자를 주입한다. 마찬가지로 숫자나 정보를 인용할 때는 개인적인 생각이 아니라 유명 과학자나 전문가, 연구자 혹은 유명 기관이나 기업 등의 자료 출처를 밝힌다. 이를 통해 정보의 가치는 쑥 올라간다. 숫자와 정보의 출처로 논거를 준비하면 상대방을 설득할 수 있는 가능성이 훨씬 커진다. 풀 프레임 시장에 이 요소를 대입해서 풀어보면 다음과 같다.

"DSLR의 풀 프레임 시장이 줄어들고 있습니다. 독일의 GFK라는 조사 기관에서 발표한 데이터인데, 약 30퍼센트 정도가 줄어들었다고 해요. SERI의 김○○ 애널리스트는 풀 프레임 시장이 앞으로 3년 동안 더 줄어들 거라고 했습니다."

이렇게 말하는 편이 "제 생각에는 풀 프레임 시장이 30퍼센트 줄어든 것 같아요"라고 이야기하는 것보다 훨씬 더 상대방이 받아들일 가능성을 높이는 길이다.

호구 탈피

사람들, 특히 협상가들은 보통 100퍼센트 액면 그대로 이야기하지 않는다. 또한 포커페이스인 경우가 많다. 자신의 감정을 드러내면 협상에서 우위를 점할 수 없기 때문이다. 하지만 대화를 나누다 보면 분명 동요하는 순간이 있다. 그것을 캐치해내는 것도 영업자의 능력이다.

보통 대형 유통채널은 마진율 협상을 1년 단위로 한다. 이때 상대방은 10퍼센트를 달라 하고, 나는 10퍼센트를 줄 마음이 전혀 없다. 물론 상대도 10퍼센트가 아니면 협상을 하지 않겠다고 그 자리에 나온 것은 아닐 터다. 그럼 둘 사이의 접점을 찾기 위해 서로 줄다리기를 할 것이다. 8퍼센트, 6퍼센트, 5퍼센트…… 이런 식으로 조정을 한다. 그렇게 줄다리기를 하다 보면 순간 '아, 이 정도를 적정선으로 생각하고 있구나'라고 보이는 지점이 있다. 그럼 거기서부터 다시 협상을 시작해서 4퍼센트, 3퍼센트로 협상하는 것이다.

액면 그대로 10퍼센트라고 받아들이면 득이 되는 협상을 할 수 없다. 만약 10퍼센트라는 말을 진짜라고 받아들인다면 1퍼센트에 협상할 수 있는 것을 3퍼센트에 협상하고도 잘한 협상이라고 당당하게 인사하고 나올 것이다. 상대방 입장에서는 호구도 이런 호구가 없는 셈이다. 그러므로 협상을 할 때는 상대방의 눈을 잘 살펴가며 미세한 떨림을 포착해내야 한다.

같은 맥락에서 중요한 사람과 이야기를 할 때는 속내를 읽기 위해 전후 상황을 잘 살펴야 한다. "아"라고 이야기했다고 해서 "아"만 바라봐서는 안 된다. "아" 속에 담긴 내용을 파악해야 한다. 달을 보라는데 손끝만 봐서는 상대와 소통이 제대로 이루어질 리가 없다. 중요한 사람과의 대화에서는 그가 무엇을 이야기하고 있는지 안테나를 세우고, 전후사정을 파악해야 한다.

이런 캐치 능력이 본능적으로 잘 발달한 사람이 있다. 그렇다고 지레 포기할 필요는 없다. 많은 사람을 만나고, 경험이 쌓이면 후천적 학습 능력에 의해 어느 순간 자신도 모르게 부쩍 성장한 것을 느낄 수 있을 것이다. 사람을 만날 때마다 건성으로 대하지 않는다면 말이다.

영업은
수학 공식이 아니다

사람들은 묻는다.

"어떤 성격이 영업에 적합할까요?"

나는 이 질문이 잘못되었다고 생각한다. 앞서 말했듯 사람은 태어나면서부터 일생을 통해 영업이라는 활동을 지속한다. 영업이란 타인과의 관계, 즉 상호작용에 의해 규정된다. 따라서 자기 성격과는 무관하게 상대방의 스타일을 먼저 고려해야 하는 것이다.

열악한 상황에서도 살아남는 법

일본전산의 창업주이자 CEO인 나가모리 시게노부의 첫 시작은 3평짜리 시골 창고와 직원 3명이었다. 지금도 마찬가지지만 시골의 작은 회사에 입사하려는 인재는 드물었다. 여기서 시게노부는 머리를 짜냈다. 똑똑한 인재보다는 열정이 많은 직원을 찾기로 한 것이다. 시게노부는 짧은 면접 시간 동안 지원자의 열정을 알아내기 위해 '큰 소리로 말하기, 밥 빨리 먹기, 화장실 청소하기, 오래달리기'라는 자신만의 테스트 방법을 고안해냈다.

이 네 가지가 과연 일하는 것과 무슨 상관이 있을까 싶지만, 시게노부는 큰 소리로 말하는 사람은 자신감이 있고, 밥을 빨리 먹는 사람은 일처리가 빠르고 결단력이 있다고 생각했다. 화장실 청소를 통해 어려운 일도 마다하지 않는지 기본적인 성품과 자질을 평가했으며, 오래달리기를 통해 그 사람이 가진 끈기를 살폈다. 그는 이런 독특한 면접 방식을 통해 시골 3평짜리에서 시작한 사업을 30여 년 만에 140개 계열사와 13만 명의 직원을 거느린, 매출액 8조 원의 대기업으로 성장시켰다.

한화케미칼의 전신인 한국플라스틱에 입사해 30여 년간 국내외 영업을 맡아 사장까지 올라선 입지전적 인물, 김창범 사장도 '야, 독, 끈'이라는 자신만의 행동 원리를 만들었다. 비전을 달성하기 위해서는 "지속적으로 자기계발을 해 최고 전문성을 확보하고(야무지게), 강인한 승부 근성으로 반드시 목표를 달성하며(독하게), 한번 정한 목표는 포기하지 않는다(끈기 있게)"는 자세를 지녀야 한다는 것이다.

영업은 목표의식에서 출발한다. 목표의식이란 하겠다는 의욕과도 연관된다. 마인드가 갖춰져 있지 않은 사람은 이런 의욕이 없다. 의욕이 없으면 실행력도 부족하지만 방법을 찾는 데도 소홀하다. 마찬가지로 마인드가 있으면 방법을 몰라도 실패하면서 배울 수 있지만, 의욕이 없으면 방법을 알아도 효과적으로 수행하지 않는다. 그리고 방법을 찾는 데도 소홀하다. 마인드가 빠진 실행은 습관의 반복일 가능성이 상당히 높은 것이다. 부모가 아무리 비싼 학원비 들여가며 투자해도 공부하고자 하는 의욕을 가진 아이, 재미를 느끼고 열심히 하는 아이를 따라잡을 수 없는 것과 같다.

결국 마인드란 신념, 의지, 하고자 하는 의욕과 같은 말이다. 내가 도달하고자 하는 지점, 그곳을 정확하게 알아야 달려갈 수 있다. 목표의식이 없으면 무엇인가를 할 수 없고, 무언가를 할 수 없으면 영업도 없다.

자신만의 방식을 고민하는 사람들

흔히 좌뇌형 인간은 논리적, 합리적이고 우뇌형 인간은 창의적, 직관적이라고 한다. 그렇다면 이 중 누가 더 영업에 적합할까? 정답은 없다. 자신의 성향에 따라 자신의 영업 스타일로 발전시키면 된다. 전 세계 인구 75억 명 중 똑같이 생긴 사람은 없다. 사람마다 성격도 모두 다르다. 영업은 이런 사람을 대하는 직업이다.

지금까지 어떻게 팔 것인가에 대해 이야기했지만, 이것을 하나의 방법론으로 묶어 모든 사람에게 똑같이 적용할 수 있을 것인가는 별개의 문제다. 나도 20여 년간 영업을 해왔지만 지금도 항상 새로운 방법을 찾아내고 시도한다. 방법을 배워 그대로 실행한다고 해도 남들이 하는 대로 따라 하는 것은 효율적이지 못하다. 본인 나름대로 재해석하고 새롭게 시도하려는 노력이 있어야 한다.

물론 초기에는 모방도 중요하다. 그러나 다양한 시도를 통해 결국은 본인의 방식을 찾아내야 한다. 영업은 수학 공식이 아니다. 상대가 사람이기 때문이다. A라는 성향을 지닌 사람, B라는 성향을 지닌 사람에게 똑같은 방법을 대입하면서 효율을 바라는 것은 무리다.

영업을 하다 보면 새로운 사람을 많이 만날 것 같지만, 아니다. 항상 만나던 사람만 만나게 된다. 영업자는 이런 틀에서 벗어나 다양한 분야의 사람들을 만나며 많은 경험을 쌓을 필요가 있다. 영업자는 자기가 아는 것이 전부라는 생각을 가져서는 안 된다. 항상 오픈 마인드로 시야를 넓힐 필요가 있다. 가령 식음료 영업을 하는 사람이 가전 유통과 관련된 사람을 만나거나 제조업을 하는 사람이 인테리어나 디자인 쪽 사람과 만나는 등, 자신이 일하는 분야와 직접적인 연관이 없더라도 새로운 사람을 만나다 보면 새로운 아이디어가 생기고, 기회를 잡을 수 있게 된다. '노익장'이라는 말이 괜히 나온 것이 아니다. 경험을 축적하다 보면 거기서 탁월함이 나온다. 성격보다는 도전, 그것이 중요하다.

경제학자 빌프레도 파레토는 20퍼센트의 사람들이 이탈리아 땅의 80퍼센트를 소유하고 있음을 알아챘다. 이뿐만이 아니다. 대부분의 명품 회사들은 소득 상위 20퍼센트의 구매가 전체 매출의 80퍼센트를 차지하며, 더 나아가서는 20퍼센트에 해당하는 사람이 세상을 움직인다는 것이 '파레토 법칙'이다. 3D 로보틱스의 창업자 크리스 앤더슨은 그와 반대로 하위 80퍼센트의 긴 꼬리가 57퍼센트의 매출을 올린다는 '롱테일 법칙'을 주장하기도 했지만, 상위 20퍼센트의 리더가 나머지 80퍼센트를 코칭하고, 하위에 속한 구성원이 중간 단계까지 이를 수 있도록 한다는 파레토의 2:8 법칙은 오랫동안 기업 경영의 상식으로 여겨져 왔다. 재미있는 것은 나머지 80퍼센트가 속한 그룹 속에서 다시 2:8 법칙이 적용된다는 것이다. 이런 식으로 쪼개다 보면 개선의 여지가 없는 사람도 분명 있다. 그러나 이는 방법의 문제라기보다 마인드의 문제다. 열정이 있다면 당신도 얼마든지 상위 20퍼센트 안에 들 수 있다.

성공을 거두는 사람에게는
세 가지 공통점이 있다.
능력, 성취동기, 그리고 기회(운 運)다.
여기에 하나의 변수가 작용한다.
바로 '타인과의 상호작용', 영업이다.

5장

성공적인 1인 셀러를 위한 위한 6가지 실행 조건

움직이는 영업 환경에서
기회를 찾아라

사람은 항상 하늘을 날고 싶어 했다. 수많은 시도 끝에 결국 미국의 라이트 형제가 1903년 비행을 하는 데 성공했다. 첫 실험은 12초 동안 36미터를 비행한 것이었다. 이제 기술은 발전을 거듭해 구글의 모회사 알파벳의 최고경영자인 래리 페이지가 투자한 스타트업 '키티호크(Kitty Hawk)'에서 플라잉카 '플라이어(Flyer)'를 공개했다. 하늘을 나는 자동차 시대가 머지않은 것이다. 니콜라 테슬라를 가장 존경한다는 페이지는 "창조만으로는 충분하지 않다. 창조와 혁신에 더해 그것을 사람들이 쓸 수 있도록 해야 한다"고 했다. 창조와 혁신을 뛰어넘어 실생활에 도움을 줄 수 있도록 연결해내는 것, 끊임없이 노력하는 것, 그것이 바로 영업의 역할이다.

시대를 분석하면 돈이 보인다

세상은 끊임없이 변한다. 똑같은 하루란 없다. 우리가 잠들어 있는 시간에도 지구 반대편에서는 연구자들이 기술을 연구하고 있고, 소비자들은 더 나은 쇼핑을 위해 인터넷 창을 클릭한다. 세상은 자율주행 자동차와 공유경제로 뜨겁고, 1인 가구 증가와 소비 양극화에 긴장하고 있다. 이런 세상의 변화는 영업자에게 위기일까, 기회일까.

에어비앤비, 우버 등으로 대표되는 공유경제는 영업의 기회를 앗아갈 것인가? 조사 기관의 발표에 따르면 공유하는 사람의 72퍼센트는 돈 벌기나 절약이 가장 중요한 동기라고 한다. 공유경제 이용자는 구매자이면서 판매자다. 구매자로서는 비용을 절약하고, 판매자로서는 돈을 벌 수 있는 기회가 된다. '공유'가 아닌, '경제'에 포커스가 맞춰져 있는 것이다. 중국의 공유 자전거 오포(ofo)도 결국은 이익을 추구하는 기업이다. 이런 플랫폼 속에서 공유경제라는 이름을 달고 팔 수 있는 다양한 제품이 등장할 것이다.

숫자 1과 경제(economy)의 합성어인 '1코노미'도 그렇다. 1인 가구는 2020년 600만 가구, 전체 가구의 30퍼센트로 늘어나고, 이들의 경제적 가치는 2030년 200조 원 규모로 늘어날 것이라고 한다(통계청). 1코노미족들이 혼자 먹고, 혼자 마시고, 혼자 여행하면서 이들을 위한 생태계가 따로 형성되고 있다. 이들의 특징은 일반인들보다 리뷰를 두 배 더 많이 남기며 빅마우스 역할을 톡톡히 한다는 것이다. 1코노미족들은 유통과 문화 등 다방면에서 '파워 컨슈머'로 거듭나고 있어 기업(영업) 입장에서는 큰 기회가 될 것으로 예상된다.

2~3년 내 상용화된다고 하는 자율주행 자동차는 어떤가. 직접 자동차를 판매하지 않아도 자율주행 자동차가 상용화되면 이동성에 제약을 받는 노년층과 장애인이 쉽게 움직일 수 있어 소비위축 문제를 해결할 수 있을 것이다. 자율주행 자동차는 사람이 운전하지 않기 때문에 사고가 나면 과실은 기업 책임이 된다. 당연히 보험의 주체가 바뀌고, 안전사고도 크게 줄어들 것이다.

소비절벽 시대에는 부를 가진 사람은 체험하고 대접받는 소비를 하고, 그렇지 않은 사람은 온라인에서 최저가 제품을 찾아 헤매는 소비 양극화가 일어날 것이다. 매년 11월 넷째 주 목요일인 추수감사절 다음 날 백화점, 대형 마트에서 재고를 최고 80~90퍼센트 할인된 가격에 털어내는 미국 최대의 대규모 세일 행사 블랙 프라이데이 때 미국 연간 소비의 20퍼센트 정도가 집중된다고 한다. 당장 필요하지 않은 것들, 시간에 쫓기지 않은 제품은 기다렸다가 기회가 있을 때 사는 것이다. 이런 미래의 환경 변화를 그저 쫓아가서는 곤란하다. 변화란 곧 영업자에게 기회일 수 있기 때문이다. IMF 때도 살아남는 사람은 있었다. 돈이 많아서가 아니라 위기 속에서 사람이 원하는 것이 무엇인지, 그 방법을 찾은 것이다.

트렌드와 창의성

요즘 시대에 과연 성냥을 사용하는 사람이 있을까? 케이크에 초를 붙일 때나 사용하는 성냥에 디자인을 입혀서 대박을 터트린 브랜드가 있다. 오이뮤라는 업체다. 브랜드 기획자인 전민성 대표와 현대카드 디자이너 출신의 신소형 대표는 과거의 물건이 사라지면서 점차 추억과 정서가 사라지는 것이 안타까워 단돈 300만 원을 들고 창업을 시작했다. 사람들은 모두 상업성이 없다며 고개를 내저었지만, 돈보다 '가치'에 주목한 것이다. 결과는 대박이었다. 2015년 첫해 매출만 6,000만 원. 2016년에는 1억 5,000만 원의 매출을 올렸다. 돈보다 '가치 있는 소비'를 추구하는 이들의 소비 문화와 맞아떨어진 것이다.

나는 매일 포털 사이트의 실시간 검색어 1위부터 10위까지를 습관적으로 검색한다. 연예인 이름처럼 가십거리인 경우는 빠르게 넘어가고, 전혀 생소한 키워드가 있을 때는 무엇인지 확인한다. 세상은 빠르게 흐르고, 조금만 긴장의 끈을 늦춰도 금세 뒤처진다.

현대를 살아가기 위해서는 항상 새로운 것만 필요한 것은 아니다. 과거의 경험과 현재의 트렌드, 미래 예측을 적당히 섞어야만 살아남을 수 있다. 이렇게 과거와 현재, 미래가 뒤섞인 곳이 있다. 바로 대형 서점이다. 과거의 고전이 있고, 현재 소비자의 관심이 중앙 매대를 차지하고 있으며, 미래에 대한 예측도 볼 수 있는 곳이다. 영업자라면 수시로 대형 서점에 나가 놀아야 한다. 꼭 책을 읽지 않아도 서점을 둘러보는 것만으로 흐름이 어느 방향으로 가는지 가늠해볼 수 있기 때문이다. 기업의 관점에서 보면 트렌드는 유행이 아닌 변화다. 변화는 곧 경쟁을 의미한다. 경쟁 속에서 살아남기 위해서는 트렌드를 파악하고, 인간의 욕망을 이해해야 한다. 그래야 물건도 팔 수 있다.

단기 계획, 장기 지침

기업이 5개년 계획이라는 것을 짰던 적이 있다. 올해 100억 원, 내년 150억 원, 내후년 200억 원, 5년 후 300억 원이라는 계획을 짜는 것이다. 영업자도 이런 디테일한 장기 계획을 세워 미래에 대비할 수 있을까? 무리다. 1~2년 후는 고사하고 당장 다음 달이 어떻게 될지도 모르는 세상에서 그런 계획은 무모하기 짝이 없다.

그렇다고 계획 없이 움직여서도 곤란하다. 그래서 필요한 것이 단기 계획, 장기 지침이다. 도미노피자의 단기적 관점은 '가정 배달'이었다. 이를 효과적으로 이행하기 위해 아이디어를 내고, 신속하게 배달할 수 있는 시스템을 구축했다. 장기 목표는 전국적인 배달 체인을 설립하는 것이었고, 결국 도미노피자는 '가정 배달'이라는 단어를 소유한 세계 최대의 피자 회사로 자리매김했다.

영업자는 단기적인 계획을 세워서 차별화를 노리고, 장기적으로는 마스터플랜이 아니라 방향을 설정해야 한다. 이것은 장기적 계획이 아니라 장기적 지침이다. 미래를 알고 싶다면 추세의 미묘한 변화를 추적해야 한다. 추적하는 수단이 대형 서점이 될 수도, 인터넷이 될 수도 있다. 어떤 방식이든 변화를 감지했다면 그 변화에 기꺼이 부응해야 한다. 변화가 쉽지는 않겠지만, 이것만이 예측 불가능한 미래에 대처하는 길이다. 미래를 '예측하는 일'과 미래의 '기회를 잡는 일' 사이에는 차이가 있다. 정확하게 미래를 예측할 수 있는 사람은 하나도 없다. 그러니 마케팅 계획도 미래를 정확하게 예측하려고 시도하지 말아야 한다.

성공은 하루 만에 잊어라

유니클로 창업자인 야나이 다다시 회장이 2009년 두 번째로 낸 자서전의 제목은 《성공은 하루 만에 잊어라》다. 야나이 회장에게 '성공'이란 피해야 할 독약 같은 존재였다. 그는 한 국내 신문사와의 인터뷰에서 "장사하는 사람들은 새로운 것을 하지 않기 때문에 이기는 순간은 알아도 지는 순간을 잘 모른다"고 했다. 수많은 실패를 했음에도 그가 성공할 수 있었던 것은 자신의 실패를 숨기려 하지 않고 냉철하게 분석했기 때문이다. 또 야나이 회장은 "별로 대단한 성공이 아닌데도 큰 성과를 거두었다고 착각하는 건 '성공이라는 이름의 실패'라고 불러야 한다"고도 했다.

사직서가 반성문으로 바뀐 사연

41살의 젊은 나이에 양위안칭이 레노버의 CEO 자리에 오를 수 있었던 것은 창업자인 류촨즈 회장의 전폭적인 지지와 성원 덕분이었다. 양위안칭이 처음부터 류촨즈의 눈에 들었던 것은 아니다. 입사 후 고속 승진을 하던 양위안칭은 오만해져 있었다. 능력은 매우 출중했지만 자신의 능력에 심취한 나머지 주변 사람과의 관계에 소홀했던 것이다. 그리고 오로지 결과만을 강조하는 성과주의자였다. 어느 날 류촨즈 회장은 회의석상에서 이런 양위안칭을 크게 혼냈다.

"너 혼자 잘나서 이 조직에서 성과를 내고 있는 것이 아니다. 레노버라는 조직이 너를 뒷받침해주고 있고, 보이지 않는 곳에서 묵묵하게 일하는 다른 직원이 너를 지원해주었기 때문에 가능한 것이다"라며 양위안칭의 오만함을 지적했다.

양위안칭은 당장 사직서를 쓴다며 화를 냈지만, 다음 날 류 회장이 받아든 것은 사직서가 아닌 반성문이었다. 사직서를 절반 정도 쓰는 동안 문득 '그동안 너무 앞만 보면서 달려왔다. 어쩌면 내게 정말 문제가 있는지도 모른다'고 생각한 양위안칭은 자신이 무엇을 잘못했는지 더듬어가며 글을 써 내려갔고, 사직서는 반성문이 된 것이다.

자신에 대해 정확하게 평가하라

사람은 항상 자신의 위치가 정확하게 어디쯤인지 냉정하게 물을 수 있어야 한다. 직장인이라면 조직 내에서 자신의 위치, 1인 셀러라면 다른 경쟁자와 비교해 자신이 어느 정도 위치에 있는지 체크해야 한다. 그리고 자신이 만들어낸 결과와 주위 평가 앞에 겸손할 수 있어야 한다.

소니에 있을 때 나보다 나이가 한참 많은 고참 대리가 있었다. 나도 대리, 그 선배도 대리였다. 어느 해 진급 발표를 했는데 나는 과장이 되었고, 그는 진급에서 탈락했다. 그 선배는 영업 본부장실로 달려가 자신이 진급에서 떨어진 이유가 뭐냐고 따지고 들었다. 탈락 이유를 모르는 사람은 그 선배 혼자였다. 회사 내 모든 직원은 그 이유를 알고 있었다. 정작 본인만 그걸 모른 것이다.

다른 이들의 평가와 상관없이 "나는 잘하고 있고, 조직에서 좋은 평가를 받고 있고, 이 조직에서 꼭 필요한 사람이야"라고 판단하는 사람이 있다. 이는 자기만족, 자기도취일 뿐이다. 스스로를 냉정하게 평가하고, 자신이 나아가고 있는 방향이 맞는지 끊임없이 체크해야 한다. 스스로 판단할 수 없다면 상대에게 묻고, 누군가에게 지적당했다면 자신의 잘못을 발견하려는 마음가짐이 필요하다. 그런 과정을 통해 변화를 이끌어냈기에 양위안칭이 지금 중국에서 가장 존경받는 CEO로 남을 수 있게 된 것이다.

사람들은 스스로 "잘했어. 난 최선을 다한 거야"라며 자기 위안을 삼는다. 영업자는 물론 목표를 눈앞에 둔 사람이라면 정말 자신이 최선을 다했는지 물을 수 있어야 한다. 나를 포함한 대부분의 사람들이 정말로 후회 없이 최선을 다한 경우는 많지 않다. 항상 어느 정도의 여지는 남겨둔다. 야나이 회장은 별로 대단한 성공이 아닌데도 큰 성과를 거두었다고 착각하는 건 '성공이라는 이름의 실패'라고 했다. 작은 성공이 그럴진대, 실패한 순간에는 더욱 냉철하게 자신을 분석할 수 있어야 한다. 정말 최선을 다했다면 분명 실패에서 배우는 바가 있을 것이다. 그리고 후회도 없을 것이다. 우리가 최선이라고 했던 행동들이 최선이 아닌 차선이 아니었는지 스스로 묻고, 반성할 수 있어야 한다.

안주하는 순간, 미래는 없다

필름회사는 세 곳이 있었다. 미국의 코닥, 독일의 아그파, 그리고 일본의 후지필름. 이 중 코닥과 아그파는 망했다. 필름이 활황기일 때 후지필름은 미래를 대비해 방향 전환을 결정했고, 다른 회사는 안주했다. 순간의 판단이 미래를 좌우한 것이다. 지금 후지필름은 일본 내에서는 물론 세계적으로도 혁신적인 기업으로 평가받고 있다. 국내에서도 롤모델로 높은 평가를 받고 있으며, 혁신 사례를 언급할 때는 항상 후지필름이 언급된다. 그 이유는 하나다. 잘나갈 때 안주하지 않고 새로운 사업을 찾았기 때문이다. 막연한 기대를 가지고 현재에 안주했더라면 후지필름도 코닥이나 아그파처럼 망했을지 모른다. 후지필름은 결단을 내렸고, 실행했다.

잘나갈 때 멈춰라

후지필름이 업종 전환을 선언할 당시, 조직 내부에서는 왜 잘나가는 사업을 줄이고 다른 것을 하려고 하느냐, 여기에 집중하자 등 엄청난 반발이 있었다. 하지만 후지필름 회장은 잘나갈 때 다른 것을 준비하지 않으면 어려워진다며 임원들을 설득해 다른 아이템으로 사업을 전환했다.

현재 후지필름은 연간 약 30조 원의 매출을 올리고 있다. 이 중 필름이 차지하는 매출은 1퍼센트도 채 되지 않는다. 나머지 99퍼센트는 카메라, 사무용 기기, 제약, 의료기, 화장품 등의 사업군으로 옮겨 갔다. 후지필름 회장은 노령화 시대에는 의료나 제약 수요가 많을 것이라고 판단했다. 화장품은 필름을 만드는 기술과 일맥상통하는 부분이 있다. 피부에 좋은 유효 성분이 안정적으로 흡수되도록 깊숙이 침투시키는 기술이다.

업종 전환에는 커다란 리스크가 따른다. 미래를 보는 눈만 있다고 되는 것이 아니다. 리스크를 책임지고 받아들일 수 있어야 한다. 나는 1년마다 한 번은 큰 도전을 하기 위해 기회를 찾는다. 1년마다 해이해지는 순간이 찾아오기 때문이다. 물론 누가 뭐랄 사람도 없고, 매출도 어느 정도 유지되고 이익도 나는 구조로 만들어두었겠다, 직원들도 현재에 만족감을 느끼고 있는 것 같다. 큰 사고

없이 지금처럼 가면 된다는 유혹에 빠지고 싶은 적도 있다. 하지만 나는 이런 안락함에서 지루함을 느낀다. 편하기는 하지만 재미가 없다. 그리고 사람이 정체되지 않기 위해서는 결과가 어떻든 끊임없이 도전해야 한다. 1인 셀러라면 더욱 그렇다. 혼자밖에 없으니 더욱 나태해지기 쉬운 환경이기 때문이다. 쭉 그 상태를 유지하면 결국 코닥과 아그파처럼 돌아올 수 없는 길을 걷게 된다.

1년에 한 번은 기억에 남을 만한 큰 모험에 도전하라

압구정동에 후지필름의 사진문화 복합공간인 '후지필름 스튜디오'를 오픈한 것도 커다란 모험이었다. 매장을 오픈하느라 건물을 다 쓰면서 늘어나는 비용, 인테리어 비용, 매장을 운영할 인원도 비용이었다. 갤러리에 한 번씩 전시를 열 때도 만만치 않은 비용이 들어갈 것이 분명했다. 참고할 만한 회사의 실적을 봐도 쉽지 않을 것 같았고, 직원들도 대부분 반대했다. 실패하면 리스크가 큰데 굳이 잘나가고 있는 지금 모험을 할 필요가 있냐는 것이었다. 조금 더 사업이 안정되고 나서 진행하는 건 어떠냐는 의견부터 여러 가지 부정적인 의견이 많았다.

그럼에도 나는 내게 주어진 권한을 100퍼센트 사용해 쇼룸, 사진 갤러리, 서비스 센터 등을 갖춘 사진문화 복합공간을 오픈했다. 믿음이 있었기 때문이었다. 그리고 그 믿음의 반대편에는 실패하면 회사를 그만둘 수 있다는 각오까지 있었다. 물론 최악의 상황이 닥치지 않도록 할 수 있는 것은 다 하겠다는 전제를 깐 상태였다. 다행히 매장은 내가 생각한 대로 운영되고 있고, 갤러리도 사람이 모이는 공간으로 인식되고 있으며, 체험 프로그램도 호응이 높다.

사람에게는 언제나 기회의 순간, 선택의 시간이 다가온다. 자신에게 선택권이 주어졌을 때는 과감히 베팅할 수 있어야 한다. 영업맨 입장에서는 이직일 수도 있고, 어떤 프로젝트일 수도 있다. 선택과 실행에는 리스크가 따른다. 물론 내가 생각한 대로 방향이 흘러갈 수도, 정반대가 될 수도 있다. 하지만 그조차도 모두 내가 감당해야 할 일이다. 물론 잘못된 선택을 내리지 않기 위해서는 수많은 생각과 고민, 조사, 그리고 성찰의 시간을 가져야 할 것이다. 그러나 고민의 시간을 길게 갖되, 실행은 빛의 속도로 해야 한다. 모든 일은 실행으로 판가름 나기 때문이다.

영업이 늘 도전적이고 활기찬 일일 것 같지만, 실상은 루틴한 업무들의 반복이다. 하지만 안주하는 그 순간, '망함 버튼'을 누르는 것과 같다. 평소에도 항상 습관적인 일상에서 벗어나기 위해 노력해야 한다. A라는 방법으로 영업을 했을 때 결과가 좋았어도 A라

는 방법을 계속하면 성장이 없다. A-1로도 해보고, A-2 혹은 B라
는 방법을 고안해내야 한다. 물론 결과가 A보다 좋지 않을 수도 있
을 것이다. 그럼 A-1의 결과에서 배우는 것이 있어야 한다. 이렇게
스스로 습관적인 생활에서 탈출해 끊임없이 새로운 방법을 강구
해야 한다.

일의 효율을 높이는 방법

처음 후지필름 부사장에 취임하고 2년 동안은 적자였다. 초기 정착을 위한 시간이고 시행착오의 시기였지만, 힘든 시간이기도 했다. 밀어내기의 사례는 이미 여러 번 언급한 바 있다. 매출 목표를 잡고, 밀어내기를 하고, 재고가 쌓이면 또 그것을 팔기 위해 비용을 투여한다. 대리점의 현금을 돌리기 위해서는 어떻게든 팔아야 한다. 하지만 이런 식으로 팔게 하려면 가격을 내리거나 프로모션을 하는 등 계속 비용을 집행해야 한다. 매출은 높아도 이익이 나지 않는 구조인 것이다. 유통 구조를 바꾼다는 것은 모험 중의 모험이다. 하지만 효율을 위해서는 용단을 내려야 했다.

1퍼센트만 남아도 팔 수 있는 유통 구조

유통업체들은 모두 다 똑같은 고민을 안고 있다. 온라인의 판매 가격이 낮아져서 오프라인 가격에 영향을 미친다는 점이다. 어떤 경우에는 공급가보다 온라인 판매가가 낮은 경우도 생긴다. 가령 회사에서 판매가 100만 원짜리 제품을 대리점에 80만 원에 공급한다. 그럼 대리점은 20퍼센트의 이익을 남기기 위해서는 100만 원에 제품을 팔아야 한다. 그러나 이것은 이상일 뿐이다. 현실은 경쟁사 제품의 가격 인하나 프로모션으로 인해 경쟁력을 잃은 자사 제품을 판매하기 위한 고육지책으로 가격을 내리는 경우를 차치하더라도, 온라인상에서 자사의 동일 제품을 파는 다양한 판매자 간의 경쟁으로 가격은 80만 원 수준까지 내려간다. 온라인 대리점은 상점이나 매장 판매사원이 있는 게 아니므로 1만 원이든 2만 원이든 남으면 파는 것이다. 그런데 오프라인 매장은 가게도 있고 점원도 있으니 가격을 적어도 90만 원은 유지해야 한다. 하지만 온라인과 오프라인의 가격을 비교해본 소비자가 내리는 결론은 당연히 온라인이다. 오프라인 매장이 가격차를 극복할 수 있는 혜택을 준비한다면 몰라도, 온라인 매장을 따라잡기는 역부족이다.

기업은 이런 온라인과 오프라인의 가격 충돌 때문에 고민이 많다. 수요와 공급의 밸런스가 맞지 않은 상황에서 문제점으로 지적

한 밀어내기로 인해 대리점 입장에서는 재고를 많이 안고 있는 것이 부담이 되는 데다, 현금을 돌려야 하기 때문에 원가 정도 수준에서 물건을 팔아버리고 만다. 이렇게 되면 돈이 들어오니 물건을 다시 매입하고, 싸게 팔고, 다시 물건을 구매하고 파는 악순환이 계속된다. 지금 온라인 시장의 구조가 이렇다 보니 신제품이 나와도 일주일 만에 10퍼센트씩 가격이 뚝뚝 떨어진다. 이런 고민은 하드웨어를 파는 대부분의 브랜드라면 모두 갖고 있다. 삼성이건 LG건, 소니건 후지필름이건 모두 다 마찬가지다.

물건을 싸게 파는 또 다른 이유는 다른 대리점과의 경쟁 때문이다. 하나의 제품을 10곳의 온라인 대리점에 할당하면 대리점끼리는 서로 먼저 팔기 위해 경쟁이 벌어진다. 만약 여기서 10만 원에 팔면 다른 대리점은 9만 8,000원으로 가격을 내린다. 1,000원이라도 싸게 팔면 소비자가 오기 때문이다. 이렇게 자꾸 가격이 내려가는 것이다. 하지만 밀어내기 영업을 철저하게 배제하고 있는 후지필름에서는 그런 일이 없다. 대리점에 나가는 제품은 매출이라기보다 재고 이동으로 인식하기 때문이다. 소비자에게 실제로 판매되는 제품만을 실질적인 판매로 인식하기 때문에, 수요와 공급의 밸런스를 세심하게 유지시킬 수 있다. 대리점의 재고를 어떻게 하면 줄일 수 있는지 여부는 고민의 대상이 아니다. 단지 소비자에게 실판매를 늘리기 위한 방법, 그것에만 집중하면 된다.

두괄식으로 보고하고, 부서마다 키맨을 두라

일의 효율을 높이는 것도 필요하다. 무언가를 얻어내야 하는 내부 영업은 대부분 보고에 의해서 이루어진다. 전작《영업의 신》에서도 다룬 바 있지만 보고를 할 때는 두괄식으로 한다. "이 대리점에 ○○억 원의 매출을 하기 위해서는 3퍼센트의 마진을 더 줘야 하겠습니다"라고 결론부터 이야기하고, 부연설명을 하는 것이다.

반대로 미괄식으로 보고하면 듣고 있던 본부장이 "그래서 결론이 뭔데?", "결론부터 말해봐"라고 한다. 서두의 지루한 설명에 이미 짜증이 나 있는 것이다. "그래서 3퍼센트를 올려줘야 합니다"라고 마무리를 했는데, "왜 3퍼센트를 올려줘야 하지?"라고 되물을 수도 있다. 그럼 다시 설명을 해야 한다. 지루한 설명을 들으며 짜증이 나 있는 본부장에게 3퍼센트까지 올려달라고 하면 당연히 내부 영업이 성공할 리가 없다. 이런 스킬이 떨어지는 사람이 의외로 많다. 이는 서류상으로도 마찬가지다. 두괄식으로 서술하고, 장황하게 나열하지 않는다. 한 장이면 충분하다.

아군을 많이 만들어두는 것도 중요하다. 조직 내에서는 다른 부서와 협력할 때도 있지만 싸워야 할 때도 있다. 미리 관련 부서의 업무를 파악하고, 본인 레벨의 키맨(keyman)을 아군으로 만들어두면 문제가 생겼을 때 큰 도움이 된다. 물론 의도적으로 심어둘 필요는 없지만, 우군을 만들어두면 문제 해결이 의외로 쉽다. 가령 생산 기술에서 문제가 생길 경우, 그쪽 부서의 대리에게 연락해 의논하면 그가 담당이 아니더라도 해결책을 알려줄 수 있다.

계약서 같은 것들도 사전에 미리 챙겨둬야 갑작스러운 사태에 대비할 수 있다. 물건이 곧 재산인 기업에서 계약서는 중요한 서류다. 그런데 일을 하다 보면 돈을 안 갚고 도망가는 등 여러 문제가 발생한다. 대리점에 문제가 생겨서 채권 행사를 하려고 서류를 찾아보면 서류가 미비하거나 계약서에 아예 도장이 찍혀 있지 않거나 담보 가치가 하락하는 등 다양한 문제가 발생한다. 평소 꼼꼼히 챙기지 않은 것이다.

회사를 살리고 죽이는 것도 영업맨

저성장, 저소비 시대에는 시장의 확대에만 기대를 걸 수가 없다. 따라서 최근에는 무조건 매출 확대만을 목표로 하지 않고, 효율을 높이는 쪽으로 선회하고 있다. 고성장 시대와 저성장 시대의 영업 형태는 달라야 하는 것이다. 글로벌 기업은 막대한 손실이 발생하더라도 투자를 통해 생존을 모색할 수 있지만, 1인 셀러는 아니다.

20여 년간 커피숍을 운영한 경험이 있는 건축가이자 기획가 임

태병 소장은 "커피숍은 공간이 커서 손님을 많이 받더라도 고정비용이 크면 결코 성공할 수 없다. 공간이 작아도 1인이 감당할 수 있는 범위 이내면 수익을 낼 수 있다"고 한다. 1인 셀러는 손실이 지속적으로 발생하면 사업을 포기할 수밖에 없다. 결국 효율을 높이는 영업이란 매출과 손익 어느 쪽에 포커스를 맞출 것인가에 대한 문제다.

좋은 영업자는 끊임없이 제안해야 한다. 회사 시스템은 물론 유통이나 가격 시스템 등에 문제 제기를 하고, 더 나은 방향을 찾고자 해야 하는 것이다. 영업자는 현장을 가장 잘 안다. 그 중요성을 간과해서는 안 된다. 기업에서 상품을 만들고 판매 시뮬레이션을 할 때 영업자의 한마디는 제품의 성패에 큰 영향을 미칠 수 있다. A 기능은 넣으면 좋겠다, B 기능은 빼면 좋겠다는 식으로 의견을 제시할 수도 있고, 어느 정도 팔릴 것인지 시장을 예측할 수도 있다. 가령 회사에서는 3만 대를 팔아야 손익이 맞는데, 영업사원이 30만 대를 팔 수 있다고 큰소리를 쳤다. 그러면 회사는 100달러이던 원가를 50달러로 절감할 수 있기 때문에 30만 대를 생산한다. 그런데 시장에서는 3,000대밖에 안 팔렸다. 이러면 기업은 망한다. 극단적인 예지만, 이렇게 만들 수도 있는 것이 영업자다.

영업사원이 물건만 팔면 되지, 굳이 이런 제안까지 해야 하는가라고 묻는다면 그건 시키는 일만 하겠다는 이야기다. 조훈현 프로

기사는 "시키는 일만 해서는 절대로 최고가 될 수 없다"고 했다. 시키는 일만 할 것인가, 아니면 능동적 입장을 취해 앞으로 나아갈 것인가. 그것은 당신의 판단에 달려 있다.

스티브 잡스는 스탠퍼드대학교 졸업식 축사에서, '하루하루를 인생의 마지막 날처럼 산다면 언젠가는 바른 길에 서 있을 것이다'라는 문구에 감명을 받고 이후 33년간 매일 아침 거울을 보며 "오늘이 내 인생의 마지막 날이라면 지금 하려고 하는 일을 할 것인가?"라는 질문을 던진다고 말했다.

자기 자신에게도 물어보자.

"오늘이 내 인생의 마지막 날이라면 나는 지금 이 일을 하고 있을 것인가?"

만약 아니라는 답이 나온다면, 당신이 해야 할 일은 무엇인가.

재깍재깍,
즉각적인 반응의 화학적 기능

49억 달러(약 5조 3,000억 원).

미국의 슈퍼볼 30초 광고비다. 이 엄청난 금액에 투자하는 회사가 있고, 광고판은 돌아간다. 하지만 SNS의 발달로 '빅마우스'를 통한 정보 유포 속도가 상상을 초월할 정도로 빨라지면서 광고비에 천문학적인 비용을 투자하던 시대는 이제 서서히 변하고 있다. 단적인 예가 볼보의 가로채기(Interception) 캠페인이다. 슈퍼볼 중계 도중 경쟁사가 자동차 광고를 하는 순간, 트위터에 '#VolvoContest'라는 해시태그를 이용해 트윗을 하면 자동차를 선물하는 이벤트였다. 트윗 한 번으로 자동차의 주인이 될 수도 있는 이 파격적인 제안에 당연히 사람들은 열광했다. 결과적으로 볼

보는 차 한 대 값으로 슈퍼볼 광고에 5조 원을 들인 경쟁사를 제치고 브랜드 인지 효과를 톡톡히 누릴 수 있었다. 이 성공적인 바이럴 캠페인은 2015년 칸 광고제 다이렉트(Direct) 부문 그랑프리를 비롯한 다수 부문에서 수상했다.

불만 고객이 충성 고객으로 변하는 순간

예나 지금이나 입소문의 힘은 상당하다. 과거 한국 주부들이 일본에 가면 코끼리 밥통 하나씩 들고 공항 출입문을 나선 것은 입소문의 힘이었다. 입소문은 SNS가 발달하면서 그 영향력을 더욱 키우고 있다. 그런데 이 영향력이 기업에는 커다란 위협이 될 수 있다.

두산은 상당한 돈을 투자해 "사람이 미래다"라는 CF를 만들었다. 이 광고는 두산의 이미지를 좋게 만드는 데 커다란 역할을 했다. 그런데 두산인프라코어에서 20대에게도 명퇴 신청을 받는 일이 발생했다. 막대한 비용과 시간을 투자해 신입사원을 공채로 뽑아놓고 이들을 대상으로 희망퇴직을 실시한 것이다. 이 일이 SNS를 통해 알려지자 무책임하다는 여론과 함께 "사람이 미래다"라는 슬로건의 CF는 "사람을 자르는 것이 미래다", "명퇴가 미래다"라는 식으로 패러디되면서 순식간에 역풍을 맞았다. 비용을 들여 투자한 CF가 오히려 이미지를 추락시키는 데 힘을 보탠 셈이다.

커뮤니티가 발달하면서 기업이 이런 입소문을 일일이 관리하는 것은 불가능해졌다. 따라서 어떤 문제가 발생했을 때 어떤 태도로 이를 대하느냐가 관건이 되었다. 니콘과 캐논이 글로벌 시장에서 차지하는 위치는 많은 차이가 나지 않는다. 그런데 유독 한국에서만 니콘과 캐논의 격차가 크다. 무슨 이유일까? 과거 DSLR의 셔터막이 갈리는 현상이 발견되었다. 소비자들이 이 점을 지적하자 니콘은 "문제가 안 된다"는 공식 입장을 내놓았다. 그런데 이 대응이 SNS를 타고 부정적으로 확산되자 다시 공식 입장을 내놓았다. "문제였다. 미안하다." 이런 똑같은 일이 국내에서 두세 번 일어났고, 캐논과 니콘의 격차는 따라잡을 수 없을 정도로 벌어지고 말았다.

불만이 있는 고객의 문제를 만족스럽게 해결하면 주위에 있는 5명에게 입소문을 낸다는 통계가 있다. 만약 영업을 하면서 불만이 있는 고객이 있다면 어떤 방법을 동원해서라도 만족을 느낄 수 있도록 해야 한다. 리츠칼튼 호텔은 고객의 불만이 발생했을 경우, 직원이 2,000달러(약 200만 원) 내에서는 현장에서 바로 해결할 수 있도록 내부 규정을 두고 있다. 신속하게 고객 불만에 대응하면 불만 고객을 충성 고객으로 만들 수 있다.

빠른 답변이 이끌어내는 신뢰

소비자가 제기하는 불만에만 즉각 대응해야 하는 것은 아니다. 대리점, 관련 부서 등 일과 관련한 문의에 대해서도 즉각 반응해야 한다. 정확한 답이 아니어도 된다. 상대방 입장에서는 급한 것들이 있을 수 있기 때문이다. 확인이나 조사가 필요해서 바로 답을 줄 수 없는 경우에도 답은 바로 해야 한다. 이때는 '30분 이내에', '하루 안에', '내일 2시까지' 등 시한을 분명히 하는 것이 좋다. 메일이나 문자를 보낸 사람 입장에서는 답을 받지 못하면 답답하고, 일에 집중하지 못하게 된다. 만약 답변이 늦어져도 반드시 먼저 알려주도록 한다. 내용의 경중을 가려서는 안 된다. 이것이 상대방에 대한 최소의 배려다.

직장 내 보고의 기술도 마찬가지다. 최초 보고, 중간 보고, 결과 보고가 있다. 상사가 최초에 지시를 했으면 그 지시가 어떤 방향으로 가고 있는지 중간 보고를 통해 방향을 확인해야 한다. 영업을 할 때 목표가 제대로 가고 있는지 수시로 점검해야 하는 것과 마찬가지다. 방향이 맞다면 그대로 일을 진행하고, 결과 보고를 하면 된다. 일을 시켰는데 뭘 하고 있는지, 하고는 있는지조차 알 수 없다면 상사는 답답해한다. 그리고 약속이 지켜지지 않으면 사람에 대한 신뢰는 깨지게 되어 있다.

영업은 단거리 경주가 아닌 마라톤이다

일을 단기적으로 해결해내려는 사람이 있다. '오늘 당장', '이달 바로'라는 식이다. 마치 이달만 지나면 일을 하지 않을 사람처럼 군다. 하지만 영업은 이달이 끝나면 다음 달, 다음 달이 끝나면 또 다음 달이 있다. 이달에 해결하지 못하면 다음 달에는 더 큰 문제가 생긴다. 상처가 곪으면 언젠가 터지듯이, 단기적인 실적에 목을 매는 것은 장기적으로 볼 때 자신에게 좋지 않게 돌아오는 경우가 대부분이다.

1인 셀러의 시대 – 어떻게 팔 것인가

흔들리거나 지치지 않는 힘

히말라야 8,000미터 14개 봉을 완등한 등반가 한완용과 한라산을 간 적이 있다. 행사에 특별히 모신 분이었다. 우연히 내가 그분의 뒤를 따르게 되면서 덜컥 긴장이 되었다. 8,000미터도 등반한 사람이니 2,000미터도 안 되는 한라산 정도야 날아갈 거라고 생각한 것이다. 그런데 그는 배낭을 메고 땅만 바라보며 다른 사람과 비슷한 수준, 내가 볼 때는 정말 느리다 싶을 만큼 천천히 갔다. 등반 후 "아주 빨리 올라가실 거라고 생각했는데, 천천히 걸으셔서 놀랐습니다. 다른 사람들과 보조를 맞춰주신 건가요?"라고 물어보자 "천천히 가야 오래 갈 수 있습니다"라는 답이 돌아왔다.

산악인은 히말라야든 동네 산이든 똑같은 속도로 오른다고 한다. 높은 산이라고 서두르지 않고, 낮은 산이라도 막 오르지 않는다. 여유란 그런 것이다. 영업도 100미터를 전력 질주하듯 매번 달릴 수는 없다. 가다가 쉬기도 하고, 딴 곳을 쳐다볼 여유도 있어야 한다. 그런 여유가 없으면 탈진하고 쓰러진다. 모든 게 급하다고 좋은 것은 아니다. 영업자라면 서두를 때와 기다릴 때를 구분할 줄 알아야 한다. 일을 빨리 처리해야 할 때도 있지만 시간을 두고 기다려봐야 할 때도 있는 것이다. 상대방도 그렇지만, 나 자신도 지나치게 몰아쳐서는 안 된다.

천천히 가야 오래 간다

　영업은 진입 장벽이 낮다. 그렇다고 모든 사람이 성공하는 것은 아니다. 시작하면 금세 안정적으로 착착 돈이 들어올 것 같은 네트워크 마케팅도 도전자의 70~80퍼센트가 1~2년 이내에 포기한다. 그들은 화려한 결과물만 보여주지 과정이 힘들다는 것을 미리 알려주지 않는다.

　영업을 하다 보면 잘될 것이라고 생각했던 제품이 안 될 수도 있고, 안 될 것이라고 생각했던 제품이 의외로 잘 나갈 수도 있다. 만약 잘될 것이라고 생각했던 제품이 잘 안 된다면 원인부터 파악하는 것이 우선이다. 먼저 타깃 선정은 잘됐는지, 프로모션을 진행했다면 소비자 관점에서의 매력도는 어떤지 등을 따져봐야 한다. 만약 거기서 원인이 발견되지 않는다면 외부적인 요인 중 경쟁사의 활동이 영향을 미치지는 않았는지 살펴보는 등 다른 방향에서 접근해볼 필요도 있다. 판매량을 늘리기 위해 가격을 내리는 것은 최후의 수단이다. 가장 쉬운 방법이 가장 나중이 되어야 하는 것이다. 일이 잘 풀리지 않을 때 순서를 바꾸거나 새로운 방식을 대입하면 전혀 다른 결과가 나올 수도 있다.

　만약 이런저런 방법을 다 동원했는데도 잘 안 된다면 포기할 줄도 알아야 한다. 그 대신 다른 방법을 찾아야 한다. 잘 팔리는 제품으로 상쇄하는 것이다. 물건을 팔 때는 여러 제품이 있다. 가령 10개의 제품이 있는데 이들이 다 잘 팔리지는 않는다. 어떤 건 잘 팔리고, 어떤 건 안 팔린다. 그렇다면 잘 팔리지 않는 것은 포기하고, 잘 팔리는 것을 더 많이 팔아서 못 판 걸 상쇄하는 것이다.

보통 '선택과 집중'이라는 말을 많이 하지만, 나는 '포기와 집중'이라는 말을 쓴다. 답이 도저히 나올 것 같지 않으면 빨리 포기하는 것도 하나의 답이 될 수 있다. 물론 찔끔 하다가 도중에 그만두라는 말이 아니다. 포기하는 단계에서도 시장이 어떻게 움직이고 있는지는 파악해야 한다. 이와 유사한 제품이 얼마나 팔리고 있는지, 제품을 팔기 위한 노력은 해야 한다. 요점은 10이라는 노력을 해도 1이라는 결과가 지속된다면 현실적으로 대안을 마련하기 쉽지 않으므로, 그럴 때는 끝까지 해보되 적정한 시점에서 포기할 수 있어야 한다는 것이다. 물론 100퍼센트 매달려서 성공하면 좋겠지만, 안 되는 물건에 쏟을 에너지 10을 잘 팔리는 물건에 5만 써도 결과는 달라질 수 있다.

결국 애를 써도, 여유가 있어야 상황을 판단할 수 있는 지혜가 생긴다. 서두르다 보면 판단력이 흐려지게 마련이다. 영업은 단거리 경주가 아니다. 인생이라는 마라톤에서 최종 승자가 되기 위해서라도 페이스를 유지해야 한다.

선한 영업이 결국 돈을 번다

2017년은 오너 리스크를 절감할 수 있는 해였다. 단숨에 공룡 기업으로 성장한 미국 차량공유 회사 우버의 CEO 트래비스 칼라닉은 운전기사에 대한 막말 동영상과 끊임없는 성추문으로 결국 CEO에서 사임했다. 국내에서도 호식이 두마리치킨 최호식 회장의 20대 여직원 성추행 혐의, 종근당 이장한 회장의 운전기사 갑질, 미스터피자와 신선설농탕, 총각네야채가게 등의 가맹점에 대한 도 넘은 갑질 등 오너 리스크는 셀 수 없을 정도였다. 오너 리스크는 회사의 존폐를 좌우하는 커다란 악재다. 영업맨의 역할만으로는 오너 리스크를 극복하는 데 한계가 있기 때문이다.

반면 한 회사의 오너 리스크는 경쟁사에는 기회가 된다. 우버의 경쟁사인 리프트는 우버가 혼란을 겪는 사이 격차를 좁히고 있으며, 국내에서도 수많은 오너의 갑질 대신 착한 영업으로 '갓뚜기',

'갓뚜기'라는 칭찬을 받는 기업도 있다. 중견기업 오뚜기는 정규직 비율 98.84퍼센트, 정직한 상속세 1,750억 원, 라면값 동결, 조용한 기부, 노숙자 지원 등이 부각되어 네티즌의 열광적 지지를 얻었으며, 커피 전문 프랜차이즈 이디야도 최저임금이 역대 최고치로 인상되자 가맹점의 부담을 덜어주기 위해 일부 재료의 공급가격을 인하한다고 밝히면서 누리꾼의 찬사가 이어지기도 했다.

우리는 '돈밖에 모르는', '돈만 밝히는'이라는 말을 부정적인 의미로 사용한다. 하지만 이익을 극대화하고 싶어 하는 것은 인간의 본성이다. 유대교 경전인 《토라》의 주석서 《탈무드》에서도 윤리적인 경영은 기업은 물론 공동체에도 유익하며, 인간의 이윤추구 행위는 '선행을 실천할 수 있는 기회'라고 정의하고 있다.

영업이 이익을 얻기 위한 행위라는 사실에 대해서는 어떤 이견도 없을 것이다. 다만 어떤 과정을 통해 이익을 확보하느냐가 문제다. 결과를 넘어서는 과정은 없다. 많은 손실이 발생했음에도 과정이 좋았다고 긍정적 평가를 내릴 수는 없다는 의미다. 반대로 과정을 넘어서는 결과도 없다. 아무리 결과가 좋아도 그것을 이루는 과정에 문제가 있다면 이것은 기업의 존폐와 직결되는 심각한 문제를 초래할 수도 있다. 실제로 오너 리스크에 시달리는 대부분의 기업도 CEO 퇴진이라는 최후의 선택을 통해 소비자의 판단을 기다리고 있는 형편이다.

　결국 돈을 버는 것은 착한 영업을 통해서다. 어려울 것은 없다. 꼼수나 도덕적 해이를 차단하고 정도를 걸으면 된다. 착한 영업이라는 것이 자선을 베풀라는 말이 아니다. 상식적으로 생각하고, 합리적으로 판단하면 되는 것이다.

　아르헨티나를 여행하면서 맨발로 돌아다니며 난 상처 때문에 각종 질병에 시달리는 아이를 보고 마음이 아파 신발 회사를 만든 블레이크 마이코스키는 소비자가 신발을 한 켤레 살 때마다 한 켤레의 신발을 제3세계 어린이들에게 기부했다. 그리고 탐스슈즈는 그 흔한 TV 광고나 신문 광고 한 번 없이 오로지 기업의 철학에 공감한 소비자들의 SNS 입소문을 통해 글로벌 브랜드로 성장했다.

　세계 최초로 점자 시계를 개발해낸 스타트업 '닷워치'의 김준우 대표의 성공도 돈이 아니라 어떻게 하면 시각장애인의 불편을 해소할 수 있을까라는 선한 질문에서 시작했다. 핀이 실시간으로 움직이며 점자를 만들어주는 닷워치는 스마트폰과 연동되어 스마트폰의 문자가 모두 점자로 표기된다. 이 시계로 인해 시각장애인도 모바일 뉴스를 읽고, SNS를 확인하고, 문자메시지를 혼자서 확인할 수 있게 된 것이다. 이처럼 선의는 소비자를 감동시키고 기업의 가치를 만들어낸다.

기업이 아닌 1인 셀러에게도 이 규칙은 적용된다. 꼼수라는 유혹을 뿌리치고, 사람의 마음을 읽고, 보편타당한 행동을 하면 된다. 사람에 대한 믿음과 철저한 자기 관리를 통해서 이룰 수 있는 것이 착한 영업이다. 사람은 남의 실수에는 엄격한 잣대를 들이밀면서 유독 자신의 작은 실수에 대해서는 관대하다. 인간의 습성이기도 하지만, 이런 이중 잣대가 나중에 문제가 되기도 한다. 사람과의 신뢰는 사소한 것에서 판가름 나는 경우가 많기 때문이다.

일본의 이나모리 가즈오 교세라 회장은 모든 판단을 하기에 앞서 "인간으로서 무엇이 옳은가"라는 질문을 던진다고 한다. 그리고 이를 직원들과 공유하고 지켜나가며 노력한 결과 성공할 수 있었다고 이야기한다.

물질 만능주의에 빠진 현대 사회에는 착하기만 해선 당한다는 인식이 팽배해 있다. 그러나 경쟁에 지치고, 정보에 피로한 소비자를 감동시키고 움직일 수 있는 것은 오로지 '진심'뿐이다. 우리가 상대해야 하는 것은 여전히 사람이기 때문이다. 선한 영업을 통해 모두가 성공적인 영업자, 그리고 1인 셀러가 되길 희망한다. 그리고 한 발 더 나아가 각자가 꿈꾸는 성공적인 삶을 성취하길 바란다.

에필로그

1인 셀러^{seller}의 시대
어떻게 팔 것인가

초판 1쇄 펴낸 날 2018년 1월 14일
초판 2쇄 펴낸 날 2018년 1월 20일

지은이 임훈
발행인 한동숙
기획진행 김진
편집주간 류미정
마케팅 권순민
디자인 ALL Design Group
공급처 신화종합물류

발행처 더시드 컴퍼니
출판등록 2013년 1월 4일 제 2013-000003호
주소 서울 강서구 화곡로 68길 36 에이스에이존 11층 1112호
전화 02-2691-3111 **팩스** 02-2694-1205
전자우편 seedcoms@hanmail.net

© 임훈, 2018

ISBN 978-89-98965-13-6 03320